貧困なる精神 27集

本多勝一

金曜日

目　次

I　人類の契約

「人類の契約」を提唱する――随想風の「序説」として　7
人類は自滅《じめつ》を避けうるか？　28
生涯に決定的な〈あるもの〉――「ボーン国際記者賞」受賞記念稿　31
国際語に不公平なイギリス語（英語）を採用すれば、〝英米人〟ばかりが得《とく》をする　43
『カティンの森』と三光政策、そして無差別爆撃　46

Ⅱ　日中戦争・ベトナム戦争

事実《ファクト》を求めて日中戦争の現場へ――馬場公彦氏によるインタビュー　51
日本と中国の生き証人2者に聞く体験　58
〔その一〕旧日本軍「大野部隊」上等兵の告白　58
〔その二〕旧蔣介石軍・用務員の体験　69
『世界最悪の旅』日本語版の新訳完成　83
『臨界幻想２０１１』とムラサキツユクサ　86
写真集『ベトナム解放戦争』の刊行に際して　88
石川文洋氏について　101
戦場の村「ブニョー」での出来事　116

Ⅲ　人口減少風景の中で

「日本百名山」と「メダカ社会」の共鳴現象　123
日本における人口減少の〝風景〟　136
月面着陸のアームストロング死去に黒人街を想い出す　138
シンポジウムは日本語で「研討会」と表記したい　145
止揚《アウフヘーベン》する探検家・梅棹忠夫を論ずる　149
朝日新聞社定年退職の挨拶　169

装丁＝多田　進

I　人類の契約

「人類の契約」を提唱する

――随想風の「序説」として

そのことを今西錦司先生自身で何かに書いているかどうかは知らないが、かつて私が先生の家をよく訪ねていた学生のころ、こう言われたことを鮮明に覚えている――「わしの目標はやなあ、ダーウィンとマルクスとフロイトの3人を超えることや」。

あれは夜おそい時間に、先生の応接室を辞するときだった。もう立ち上がっていた私に、和服で安楽イスに座したまま、ニコリともせぬまじめな表情で、あの長いあごを突きだしながら、あまり明るくない電灯の下で、つぶやくようにそう語った。以下に記そうとしている随想風の「序説」は、いわゆる論文に類するものではなく、かなり感覚的段階にとどまり、かつある意味ではまことに常識的な考察に過ぎないのかもしれないが、私としてはここ数年来、とくにベトナム戦争にかかわってきて以来、頭の隅から払拭しきれずにいた問題である。そしてこの問題は、先生があのとき「超える」と語った近代の三人の思想家の考えとも、そして今西先生自身の考えとも、無縁ではないだろう。

1 「残酷」とは何か

朝日新聞社が週刊で刊行していた『世界動物百科』第109号に、「草原を血に染める大虐殺」という写真特集（岩合徳光）と解説記事（編集部）が出ている。アリューシャン列島のセントポール島で、オットセイを大量撲殺している報告である。オットセイは4月末に海岸の繁殖地に上陸し、ボスの♂（オス）たちが♀（メス）の争奪と交尾に全力を傾注しているあいだ、あぶれた♂（老獣や幼獣が多い）たちはハーレムの外にかたまって、せつなく単に待っている。このあぶれ♂の群れの、早朝の寝こみを人間たちが襲って、海岸から内陸の草地へ追いあげる。4000頭〈注1〉近いオットセイが、虐殺現場へ「死の行進」をさせられている写真は、かなりやりきれぬものを覚えさせられる。退路を断たれたオットセイたちは、200人のアリュートを主とする雇われ〝殺し屋〟たちによって、長い棒で次々と撲殺されてゆく。かつてカナダでエスキモーのセイウチ狩りに同行したときもそうだったが、オットセイなどの海獣は石油カンなどをガンガンたたくと、驚いて反射的に頭をあげる習性がある。そこを狙って脳天をたたき割る。銃殺だと毛皮がいたむので、もっぱら撲殺だ。最適の毛皮は、まだ傷の少ない3、4歳の幼獣だというから、これは子どもの虐殺でもある。棍棒をふりあげた男を、死の寸前のオットセイが、口をあけて必死で見つめる姿。

殺されたオットセイは、温かいうちにとその場で皮をはがされる。残りの遺体は、ごく一部がミンクの餌にされるが、ほとんどは野ざらしで放置される。その死屍累々とした写真は、あの、ベトナムの米軍によるソンミ虐殺事件や、日本軍による中国の南京その他での虐殺事件を、つい連想させる。

これは、残酷なことだ。普通の神経であれば、そう思う人が少なからずいるだろう。（この場合は、解説記事もいうように、二重の意味で残酷といえる。第一点は、目的は何であれ撲殺することと自体だが、より本質的な第二点は、毛皮商売の対象としてオットセイを管理していることだ。しかしここでは、第二点は別問題としておく。）けれども、この大虐殺は決して新聞のトップに報ぜられることはないし、ソンミ事件や南京事件のような国際的大問題として指弾されることもない。にもかかわらず、残酷であることに変りはない。なぜ「ソンミ」や「南京」が騒がれるのに、「セントポール島の大虐殺」は騒がれないのだろうか。

西洋人は「肉食」で「牧畜」の伝統に根ざしているから、こういうときは「米食」の日本人その他のように可愛想とは思わない、といった類《たぐい》の〝文明批評〟に唖然とさせられることがあるが、ここの撲殺者たちはアリュートだから西洋人ではない。(「肉食」を思想と結びつけるのであれば、最高の肉食民族としてのエスキモー〈イニュイ民族〉を考察の外においてはならない。)またオットセイと同じ海棲の哺乳類としてのイルカに対する反応の良い例を、同じ『世界動物百科』95号と96号で、藤原英司氏が「海からの使者　イルカ」〈上〉〈中〉として紹介している。ニュージーランドの小さな港町で、自然状態のままのイルカが人間たちと仲良しになり、さまざまな交流ののち、イルカへの暴行・殺戮《さつりく》を禁ずる法令を作り、その死には弔電や弔辞が続々と送られた。他方、日本ではイルカが食糧の対象として大量「皆殺し」にされている事実を、藤原氏はその続篇(『世界動物百科』97号「海からの使者　イルカ」〈下〉)で嘆いている。

イルカを皆殺しにすることも、オットセイを撲殺することも、その残酷性になんら変るところはない。かなり前から、アメリカ合州国を中心に、クジラの保護運動が起きている。その保護を訴える理由の大きなひとつに、クジラの知能の高さがある点は、私のここで提出する問題と根本的にかかわってくる。合州国の海洋生物学者ジョン・C・リリーが「人類がもし他の動物とのあいだのコミュニケーションを確立できるとすれば、その相手の動物はイルカであろう」(前記、藤原の〈下〉)と言っているように、イルカがニュージーランドで〝人権〟を守られたのも、その知能の高さによるところがたいへん大きいだろう。しかしそれならば、オットセイもまた哺乳類の一員として、それなりの高い知能を持つはずだ。しかも知能というものの高低を論ずるには、私たちはきわめて臆病でなければならない。文部省の望む基準に合った者のみが試験制度で拾われた結果としての現行の「秀才」が、必ずしも本当に独創性を持った知能ではないことを、これは今西先生のための論文集だから先生に敬意を表してその著書から引用すれば、たとえば今西錦司『私の進化論』（思索社）は次のように述べている。――「いまのような試験制度のもとでは、ダーウィンだって大学へ入学できたかどうか怪しいと、ジュリアン・ハクスレーとケトルウェルはダーウィンの伝記（一九六五年版）のなかで述べている。イギリスだけでなく、わが国においても、ダーウィンのように好奇心や独創性の豊かな青年が、ただたんに記憶力のよいというだけのものに押されて、どれだけ試験制度の犠牲になっていることであろうか」。

おそらくこれは、今西先生自身にも当てはまるのだろう。先生のような独創的セオリー・メイカーは、今の〝一流大学〟には入学できないのではないか。イルカの知能とオットセイのそれとを比べても、似たことがいえる。イルカの方が高いように見えるのは、「文部省が望む」と同様、「人間が望む」ようなかたちでの知能という範疇においてのみイルカが高いのであって、仮りに知能スペクトルの如きものを想定すれば、オットセイの方が高い帯の部分があるのかもしれない。

以上の考察は、二つのことを提起している。**第一は、仮りに知能が高いことをもって保護の条件とし、それを殺すことが残酷であるとするならば、いったい何を尺度として知能の高低を決定するのか。**サルは明らかに知能が高いが、中国料理にはサルも材料とするものがあるから、サルを食うなど残酷の極みみたいにもとれよう。しかしサルを食うことが残酷でないのなら、チンパンジーやゴリラやオランウータンもまた料理の対象としておかしくはないだろう。イルカとチンパンジーの知能程度の比較判定は、どのようにして決めるのか。

第二。知能が高いことを条件とするならば、すなわち低いことが残酷の条件からはずされることになるのか。たしかにヒドラを大量に集めて煮て食っても、ひとは「大虐殺」とは呼ばない。それは下等生物だからなのか。私の郷里の伊那谷では、ハチの子やカミキリムシの幼虫やカイコのサナギをよく食べるが、これが残酷でないのは「下等」で知能が低いからだろうか。果してハチが人間より真に下等だと断言できるかどうかは別として、一般常識としてハチの方が人間より馬鹿だとされていることは事実であろう。そうであれば、残酷かどうかを決めるための知能程度の「境界」は、どこにあるのか。

2　殺人は残酷か

動物を殺す場合について残酷か否かを検討したが、これは「人間を殺すことは残酷だ」という前提の上での検討だった。しかし実は、殺人という行為が常に人間に残酷感を呼び覚ますものとは限らないのである。それは殺す側と殺される側との、そのときかかわっている情景によって全く異る。

古典的な例は、アステカに見られるように、宗教的生贄《いけにえ》として人間を捧げる場合であろう。その情景を現代の私たちが目《ま》のあたりに見れば残酷と感じようが、当のアステカの人々とすれば、これは当然の儀式として、むしろ定期的なお祭りの頂点を示す喜ばしい行事として、何の抵抗もなしに容認されていたであろう。このときアステカ人がそのように何も残酷と感じないのは、いうまでもなく、かれらがアステカという社会に生まれ育ったからであって、先天的にそうだからではない。即ち、もし私たちがアステカの社会に生まれていたら、同じように何も残酷性を感じないだろう。ということは、これはその社会の教育の成果にほかならぬ。

教育ということがこの場合の根源である以上、情景は現代も全く変ってはいない。ベトナム戦争を例にしよう。合州国でベトナム行きの新兵がどのような訓練・教育を受けてきたかは、マーク・レーンの『人間の崩壊』（合同出版）が帰還兵たちの証言から詳細に報告しているが、その重要な教育の一部は、ベトナム人を「グーク」その他の動物的呼称で考えること、すなわち人間とはみなされぬ教育であった。**人間でないと考えるように教育された兵隊にとっては、ベトナム人を殺すことは「殺人」ではない。**「殺人」でないからには、ソンミ虐殺が残酷であろうはずはなくなる。この大量虐殺が、事実として合州国の社会から（アステカ社会が生贄を容認したと同様に）容認されている証拠に、直接の責任者としてのカリー中尉も、ニクソン大統領の特別命令によって釈放されてしまった。**重要なことは、ニクソン氏が釈放したこと自体ではなく、その釈放に対して合州国の一般民衆が強い拒否反応を示さなかった点**である。これによってニクソン氏の地位がゆらぐことは全くなかった。むしろウォーターゲート事件のような、ベトナム人虐殺に比べたらはるかに小さな、合州国という社会内部での問題にすぎぬスキャンダルによって、その地位を失っている。合州国の社会は、ベトナム人を虐殺してもそれほどたいした残酷ではないと考えるべく教育されている以上、この社会的反応は、アステカと同様、むしろ当然なのだ。もともと先住アメリカ人（いわゆるインディアン）に対して長いあいだとってきた政策の歴史が、この場合の素地として働いていることは、たとえば藤永茂『アメリカ・インディアン悲史』（朝日新聞社）などがよく伝えている。

全く同じ現象が、顔かたちや色がほとんど変らぬような民族間でも起きることは、日本軍の中国侵略に見られる通りである。あの「チャンコロ」といった蔑称は、青年たちが入隊して「出征」する以前から、すでに中国人に対して同じ人間ではないとする教育を広く浸透させていた証拠であった。軍隊ではこれが一層増幅された上、天皇を頂点とする選民教育が徹底される。ナチほどのドイツ的「完結」性ではないにせよ、日本人だけを真の人間とみなす教育は、中国人や朝鮮人のみならず、他の東南アジア諸国での虐殺事件へと容易に発展した。実はその「日本人」の内部に、こうした形での天皇の直接的犠牲者としてアイヌ民族や琉球列島があったが、そんな問題が表面化する情況ではなかった。

アイヌ民族の場合、たとえば北海道の広大な原生林の多くは、明治にはいるとまず「御料林」として突然天皇家のものとされた。これはアイヌにとって最も重要な食糧としてのエゾシカを、自由にとれなくさせたことを意味する。もっと直接的な犠牲を強いた例は、日高のニイカップに見られるような「御料牧場」であろう。アイヌの集落がある肥沃な農地を広大な面積にわたって強奪し、アイヌを追出して山奥の原生林に移住させ、そのあとを天皇の牧場とした。沖縄戦でアイヌが多数戦死しているが、これは第二次大戦中の合州国で、先住アメリカ人（俗称インディアン）や日系人が、なんとか合州国内での「人間」に認知してほしさに、危険な戦いを引受けて多くの戦死者を出した例を思い出させる。合州国の社会も日本の社会も、先住アメリカ人やアイヌ民族について共通な教育をしていたことになる。

3 深層構造としての残酷性

そのような戦時中の日本で、軍歌の中に「敵をさんざん懲らしたる／勇士はここに眠れるか」（真下飛泉《ましもひせん》作詞『戦友』の第2節から）といった言葉が出てきても、それを歌う日本の民衆が残酷さなど片鱗も覚えないことは、もはや教育の当然の成果として理解できよう。ここでしかし、この「さんざん懲らしたる勇士」という言葉を、具体的に考えてみたい。

その勇士がさんざん懲らした敵とは、中国の青年である〈注2〉。蔣介石軍か毛沢東の八路軍か、どちらかであろう。ともあれ、親たちが懸命に生存を願っているに違いない青年である。そのような青年たちが「さんざん懲らされる」方法には、さまざまな場合がある。銃弾に当たったり、砲撃で殺されたり、日本刀で斬られたり。しかし、日中戦争を中国側から私が取材した経験で理解したことのひとつは、多数の中国人が殺された例は白兵戦や銃撃戦といった本当の戦闘の最中である場合など、むしろ少ないという点である。これは中国に行った日本兵自身がよく知っているであろう。それよりも、平頂山事件や南京事件とか、藩家峪虐殺その他の三光政策、あるいは鉱山や工場や大規模土建作業での強制労働、矯正院や監獄での極端な虐待、さらには細菌実験や生体解剖などのように、抵抗できない状態で殺されていった人々が圧倒的に多い。

中国の日本軍が、日本から来てまだ実戦の経験もない新兵たちに、中国人捕虜を生きたまま銃剣で突かせて「教育」した事実は経験者自身がよく語る通りだが、あの軍歌のように「さんざん懲らされた」青年の殺され方のひとつに、このような方法もたくさんあったことは想像に難くない。それでは、「敵をさんざん懲らしたる／勇士はここに眠れるか」と無邪気に歌っていた〝銃後〟の民衆は、中国の青年が生きたまま銃剣で串刺しにされる現場を見ても、残酷だとは全然考えないのだろうか。

「残酷」という現象の性格が、ここによく現れている。「さんざん懲らし」と歌う民衆も、その現場を直接見れば、必ずショックを受け、残酷だと感ずるのだ。同じことが原爆の広島や長崎にもいえる。あのときB－29の「エノラ・ゲイ」号で高空からやってきたアメリカ人パイロットは、はるか下に地図としか見えぬ広島に、ボタンを押して原爆を投下した。天を突くキノコ雲。彼が見たのはそれだけだ。キノコ雲を見ても、だれも残酷だとは思わない。しかしあの下で大量虐殺が行なわれたという事実は、パイロットもよく知っている。ひとつは「黄色いサル」としての日本人「グーク」なのだから、殺人ではないとされる〝教育の成果〟もある。しかしそういう教育を受けたパイロットでも、もしあのとき直ちにB－29から落下傘で降下して、キノコ雲の下の光景を直接見たら、平然としていられるだろうか。

同じことはベトナムでのB－52によるジュウタン爆撃にも通ずる。ベトナム行きのパイロットに見せるために合州国が製作したカラーの記録映画を見たことがある。B－52から、はるか1万メートル下方に向かって、無数の爆弾が落ちてゆく。まもなく、まるで赤黒いバラの花のような着弾・爆発の火焔のかたまりが、たくさん寄り集まって1本のベルトと化し、地上に盛上る。人影は見ようもないが、あの爆発のベルトの中に人間がいるからこそ狙っているのだ。記録映画は、「このように高空から超音速で飛行しながら爆撃するので、下からの砲火に対してB－52は何の心配もありません」といった内容を、ポップス音楽とともに解説する。ハノイやハイフォンの人口密集市街地は、そのようにしてB－52のジュウタン爆撃を受けた。その結果、爆発のベルトの中にいた市民は、たとえば次のようなことになる。――

「そして、あの五つの部屋の新居があったはずの地面には、巨大なクレータだけが口をあけていた。直径30メートル以上と思われる大穴の空間は、自分の家や二つの防空壕や庭などがすべてあったところだ。うしろ隣りの家は、壁のレンガの一部だけが残り、その近くにコイさんの家の戸と屋根の一部が落ちている。父・母・妹の死体は、民兵や警官たちの手ですでに棺に入れられ、南側の道ばたに他の殺された人々とともに並べられていた。小さい弟だけは、まだ小型の棺が間にあわないために、ゴザの上に置かれていた。号泣しながら、コイさんは父母の棺のふたをあけてみた。父の身体は『ぺたんこに平たくなって、生前の三倍くらいも広くなった』ように思われた。骨が粉々に砕かれたらしく、外傷はあまりないのに、さわってみると『袋の中に豆があるように』砕けた骨片が感じられた。鼻や口から血を出している。母はアゴが折れて口のあたりがつぶれ、足の骨が粉砕されて、ぐにゃぐにゃに軟くなっていた。ゴザの上の弟は外傷も骨折などもなくて、一見生きているようだ。あるいは母や妹がかばって上にかぶさったのではないか、とコイさんは想像する。爆撃のとき5人とも壕にはいっていたらしい。死体は図のような方角に、家から150～200メートルほどとばされていたという。夫はいくらか呼吸していたので、あるいは助かるかもしれないと、コイさんは妹の棺のふたを開くのはあとにして、すぐ病院へ行った。しかし夫は、すでに死体安置室のベッドにいた。胴全体に包帯《ほうたい》が巻かれている。胸骨が粉々になっていたと、医者に説明された」（本多勝一『ベンハイ川を越えて』朝日新聞社刊)。

ニクソン氏が「B－52のハノイ爆撃を命じた」というニュースは、それ自体ただちにこのような残酷場面を人々に想像させるとは限らない。しかし、このジュウタン爆撃の下の光景を報ずるルポと、ニクソン氏の命令のニュースとは、実は全く一連の現象が別のかたちで伝わっただけである。にもかかわらず、一方は残酷だと感ぜられ、他方は単に言葉による政治的命令として受けとられがちだ。この場合の両者の深層心理を、道徳的側面から深く結びつけることが、より日常的かつ無意識的にあっていいのではないか。

ベトナムでのジュウタン爆撃には平然としていながら、南極で犬を置き去りにしたり人工衛星の実験に犬を使うと猛然抗議する種類の反応は、日本にも西欧にも見られる。

4　残酷と愛の関係

高校生(新制)のとき、私はクラブ活動として生物班にいたことがある。そのころ生物学の若い先生が「おもしろいぞ」とすすめた本のひとつに、ダーウィンの『人間及び動物の表情』があった。いま注目を浴びている動物行動学の始祖としても重要な意味を持っているのだろう。私が知りたいのは、動物にとっての「残酷」とは何かである。これは小学生のころ見た〝風景〟だが、自宅近くの立木で、キセキレイが子育て中のヒナを、ムラの悪童たちに巣ごととられて、その親が翼を片方だけひろげ、その広げた片方の翼を地面にこすって走りまわり、悪童の1メートル近くまで近寄って嘆き悲しんだ。あれは村の唯一の芝居劇場の前の、サクラの木での〝事件〟だった。巣はサクラの木の股にあったのだ。あのときのキセキレイの親の必死の姿（表情）は、今でも周囲の風景とともに思い出すことができる。キセキレイは、これを残酷なことだと思ったに違いない。つまり親子の関係では、キセキレイも残酷を感ずるのであろう。

ローレンツの『攻撃』（みすず書房）によれば、シチメンチョウの♀がそのヒナを「自分の子」として認め、愛するための条件は、決してそのヒナが自分の姿のヒナ型であることではない。ヒナの鳴く声（ほとんどそれだけ）が最も重要な指標だ。ヒナの大敵のはずのイタチの剝製に、テープレコーダーでヒナの声を仕込んで近づけると、イタチでも自分の羽の下に迎え入れようとする。（ローレンツはいろいろ問題のある人だし、科学的にも、たとえば種の変化に対する考え方には、とくに今西先生にとって承服しがたいものがあるだろうと思うが、動物の行動のおもしろい実例には豊富な話題の提供者であろう。）

手塚治虫の長篇漫画『人間ども集まれ！』は、他のすべてが人間と同じでありながら「性」すなわち男女の区別のない「無性人間」を描いている。もし人間と外見上の形質的特徴が全く同じでありながら、頭の中がより「進化」して別の種となった超人が出現したとしても、人類の男は超人の美女を見れば「愛情」を感ずるであろう。それは異る種としてのチンパンジーと恋愛するようなものだ。超人は人類を「家畜人ヤプー」(沼正三)のように飼育して、性をともなった犬の役割を果させるかもしれない。種がかなり違うので雑種もできない。

明らかなことは、残酷の場合と同様に愛さえも種を超えうることだ。もちろん人間の愛をより哲学的に止揚することは自由だが、止揚しない平凡な個人の存在する事実を否定することはできない。チンパンジーとの〝肉体関係〟と雑種の可能性についての話題をかつて提供されたのは、ほかならぬ今西先生であった。もし私たちが感性のみを判断の基準とするならば、愛することも殺すことも、人間だからということを前提とすることはできない。人間と動物との境界、人類と宇宙人との境界はたやすく消えてしまうであろう。

5　人類の契約

結論そのものは単純である。残酷も愛も、じつに頼りないものを基礎にしている。人類が真に平和を保とうとするのであれば、人類憲法ともいうべきひとつの最高契約を結び、それを論理として守ることだ。すなわち、人類は、人類を殺してはならぬ。知能が高いからでもなければ、「神の子」だからでもない。単に「人類だから」それ故に殺してはならない。そして人類とは、生物学上のホモ・サピエンスであることの以下でも以上でもない。どのような形態の奇形児や不具者であれ、ハトやカマキリにも劣る知能指数（?）の子であれ、単に「人類」であること、それだけの理由によって、絶対に生きる権利がある。そこにはいかなる差別もあってはならない。同時に、人類の中の特定の階層や個人が特別な待遇を受けてはならない。これはタテの両面だから、たとえば王さまや天皇のような地位を認める社会は、重度身体障害者や植物人間を差別する社会でもあるだろう。

原理は「きわめて単純」であり、常識にすぎない。だが、それを真にふまえた思想（宗教も含む）は決して多くはない。いうまでもなく、この契約は人類が人類のために作成したものだから、人類以外の種からみればこの上なく傲慢な差別であろう。イルカにとっては許しがたい契約だ。イルカは人類ではないが故にのみ、差別されても仕方がない存在である。私たちは人類に属することによって、このことをイルカに「仕方なく」認めさせざるをえない。いわばこれは原罪だ。（三大宗教の中では、仏教がこのことを最もよく認識しているのかもしれない。）しかし、だからといって、人類が他の種を不必要にまで差別することは慎まなければならない。原罪は人類が生きるために必要な最低限におさえなければならぬ。地球という一宇宙船の生態系を乱すことは、結局は人類自身の存在も危うくすることになろう。絶滅にひんした種をなぜ守る必要があるのか。ひとつの種の滅亡は、人類の自滅につながる一里塚でもあるからなのだ。もし、いかなる見地からみても人類にとって有害無益な種であるならば、差別されても仕方がないだろう。だが、この点に関して私たちはきわめて謙虚でなければなるまい。本当に有害無益かどうかを決定するためには、現在の科学はまだ貧しすぎる。未知の領域があまりにも広い。極端な例をあげれば、天然痘の病原体はどうやら有害無益のようにみえるし、それはほぼ絶滅されつつあるようだが、これさえも１００パーセント有害無益と断定するにはまだ資料不足かもしれない。ましてヒグマのような猛獣は、むろん無制限な野放しは許されぬとしても、一定の隔離条件のもとで存続させることは必要であろう。（こうした問題は、たとえば柴谷篤弘氏の『反科学論』なども多くの示唆を与えてくれる。）

長いあいだ、人類の天敵は病原体であった。しかし今やそれも次第に克服されつつあるようだ。残された最大の天敵は、ほかならぬ人類自身である。オーストラリア先住民としてのタスマニア人は、「天敵」たるヨーロッパ人の侵略・移住によって絶滅させられた。しかし情況は現在も大して変らない。アボリジン（オーストラリア本土の先住民）に対して、オーストラリアのナチ党員はテレビ公開討論でSubhuman（亜人類、人間以下）と広言しているのだ。こうした低次元の天敵ぶりから、さらに大規模で本格的な天敵行為としてのＢ－52ハノイ・ジュウタン爆撃やヒロシマ原爆投下を考えてみるとき、Subhumanといい「グーク」といい、そこには一貫して人類を非人類とみなす思想が先行している、もしくは先行させようとしている。人類学者の最大の課題は、まさにすべての現人類は人類であるという事実、その当然のテーマをしつこく説くことであり、人類を非人類とみなす考えに通ずる天敵行為に対して敢然と戦うことでなければなるまい。人類学にとって最大の課題を全くとりあげないか、少なくとも言及することのない人類学者は、ほとんど「人類学者」とみなすことさえもできぬであろう。そのことは当然の結末として、日本の人類学者はなぜ天皇問題を正面からとりあげないのか、という私の長年の疑問にもつながる。哲学者の芝田進午氏は「人類の生存にかかわる核兵器について考察の外においている哲学者は哲学者とはいい難い」とみている。天皇と人類学者の関係もまたこれに近いのではないのか。

しかしながら、Ｂ－52爆撃機や原子爆弾による一般市民大量虐殺という人類最大の犯罪をおかした最高責任者としての、たとえばニクソン元大統領などに対しても、私たちは死刑をもって報いることはできない。死刑は「人類の契約」違反として廃絶すべきものだからである。

キリスト主義もマルクス主義もムハンマド主義（イスラーム）も、被抑圧者の解放、ひいては人類解放の思想としては共通のものがあった。それが堕落するときは、必ず「人類の契約」違反が行なわれている。魔女狩りやスターリン主義（粛清）がそれであろう。毛沢東の革命は、日本軍の戦犯捕虜を処刑せず、教育改造の手段をとって帰国させたし、ホーチミン（ベトナム）の革命は、虐殺爆撃に対してもその実行犯人たるB－52の米軍捕虜（パイロット）を一人たりと処刑しなかった。ニクソンや蔣介石（日本人戦犯を処刑した）に象徴される社会よりも、この方が明らかに「人類の契約」を守っている。

とはいうものの、つい最近の報道として知った例だが、アメリカ合州国の北京訪問者（ウィリアム・ホールデンの同行者）を中国人民衆の一人が切りつけて負傷させたとき、この加害者を中国政府が死刑にしたという報道は、中国の現状についての限界を認識させるものであった。

ひとつの思想が真に人類救済と平和をめざしているかどうかを具体的に知るための指標として、「人類の契約」を守っているかどうかは、わかりやすい判断材料となるのではなかろうか。現段階における世界憲法としての国連憲章をみると、もともと戦勝国側だけでスタートしたせいもあろうが、大国主義が目立ち、「人類の契約」の次元までには日暮れて道遠しの感がある。

〈注1〉 数字の表現法は、西欧が3ケタ法（４００００は「40千」と読む）なのに対し、中国や日本などでは4ケタ法（40千は4万と読む）である。したがって、40,000といった表記は全く意味をなさず、むしろ混乱を強いる植民地的愚挙である。筆者は4ケタ法（4,0000）を使っているが、まだ少数派なので、わかりやすくするため、たとえば320,5682,9800円は「３２０億５６８２万９８００円」という表記にすることがある。本書のこの一文でも4ケタ法を使ったので、4000にはコンマが使われない。

〈注2〉『戦友』は日露戦争中に作られたので、歌詞の「敵」はロシア兵かもしれない。しかしこの歌は日中戦争（「満州事変」以後）にはいってますます愛唱されたので、民衆のイメージはむしろ中国を想定していた。私自身小学校にはいったばかりのころそう思って歌っていた。また、この歌は右翼の指導者が満州事変直後「士気消沈、軍規違反」の歌として反対し、軍隊では一種の反戦歌となり、太平洋戦争中は歌唱禁止になったけれど、そのことと本論の趣旨とはむろん別問題である。

「今西錦司博士古稀記念論文集」第4巻（一九七八年）

人類は自滅《じめつ》を避けうるか？

すでに83歳の〝老境〟にあって、一種〝常識的〟とも言える疑問をこの小論でも書いておきたい。――

＊

「はたして人類は、自滅の道をストップできるだろうか？」

生物の進化という現象が、「進化論」から「進化学」となってすでに久しい。さまざまな種《しゅ》の消長を見るとき、身体のなかの一部が急速に発達し、あるいは特殊化した種は、ほろびるのも急速だったようだ。環境の変化に適応するための時間的余裕が間にあわなかったのだろう。

子どもたちに人気の恐竜類は、地質時代の中生代白亜紀まで栄え、その後は滅亡してしまったが、対するに節足動物の中で最も原始的とされている三葉虫は古生代の代表的動物として、カンブリア紀からデボン紀にかけての全盛時代より後も、石炭紀・二畳紀まで細々とながら永く生きつづけた。

……といった地球における生物史の中では、ホモ＝サピエンスたる現世人類の場合、その種としての発生（誕生）から現代までの時間など、けた違いに短いものでしかないだろう。その進化学上の種として「心配になる部分」は、脳ミソの特殊化・大発達にほかならない。

そのようなホモ＝サピエンスたる「種」にとって、自身の存亡にかかわる大問題こそ、まさに**核**（原子核）であろう。

原子爆弾は、ホモ＝サピエンスという新種の生物自身によって製造された。これが同種仲間たる人類に対して「大量殺人」を目的に、地球星で初めて（たぶん宇宙でも初めて）の〝実用〟として人口密集都市ヒロシマ、続いてナガサキに落とされたとき、私は信州・伊那谷の中学2年生だった。戦争末期でタブロイド判1枚になっていた当時の新聞は、「特殊爆弾」として短い記事で報じたが、〝日本アルプス〟の谷間の中学2年生には、何のことか見当もつきかねた。

以後の核や原子力をめぐる現在までの状況は周知のとおりだが、「種として心配になる部分」が消えたとは、無論とても言えまい。このままでは、脳ミソの特殊化ばかりが異常に大発達した生物種たるホモ＝サピエンスは、地球星の自然環境変化とか他の天体にかかわる宇宙間の状況、あるいは地球星の内部での細菌その他に起因する制御不能事態からの滅亡ではなく、「種として」の、すなわち哺乳類霊長目ヒト科の、生物としての進化学上の内発的必然として、自滅への道を歩きだしているのではないか。

戦後70年の年に安倍晋三政権は、近隣国の核兵器やミサイルを口実に、米国の属国化を一層推進する戦争法案を成立させようとしている。その一方で、ミサイル攻撃に対して無防備な原子力発電所を次々と再稼働させようとしている。

(『週刊金曜日』二〇一五年8月7日・14日合併号)

生涯に決定的な〈あるもの〉

――「ボーン国際記者賞」受賞記念稿

私の受賞は、一九六七年から翌年にかけての、ベトナム戦争のルポルタージュに対してでした。当時のベトナムは南北に分断された二つの国家でしたから、一九六七年のルポは南ベトナムを舞台にした「戦場の村」、一九六八年のルポは北ベトナムが舞台の「北爆の下」で、いずれも朝日新聞に前者は98回、後者は26回連載されています（新聞連載当時の通しタイトルは「戦争と民衆」）。

20世紀後半最大の事件――ベトナム戦争

あれからすでに三十余年。ベトナムでは戦争を知らぬ世代が成人となり、いわば「もはや戦後ではない」とされてもよいのかもしれませんが、米軍の枯葉作戦の影響をはじめとするさまざまな後遺症に今なお苦しんでいるようです。

第二次世界大戦が終わってからだとすでに55年、20世紀を終えるまでのこの間の現代史で最大の事件といえば、やはりベトナム戦争ではないでしょうか。フランスに対する独立戦争（第一次インドシナ戦争）として始まったこの戦争は、アメリカの介入で世界的規模にひろがり、そこに「東西」両陣営が全面的にからむことによって、世界の〝冷戦〟がこの一点で〝熱戦〟となり、第二次大戦をはるかに上まわる量と質の弾薬や毒薬が、この狭い地域に集中的に注ぎこまれたのであります。

したがって戦場は限定されていながら、影響は地球規模で深刻なものとなりました。反戦運動は日本を含めて全世界に及び、当のアメリカ国内では黒人運動の高揚とも重なって、おそらく独立戦争（アメリカ合州国）以来の大きな変革をともなったとみることもできましょう。そしてソ連の崩壊にいたる「東」陣営の激変もまた、間接的とはいえ「ベトナム」の遠因を無視できぬものがあります。

極論的に要約すれば、朝鮮戦争につづくベトナム戦争は、20世紀後半で最大の人類史的事件でした。そして当のベトナム自身も、悲願の統一国家を実現させたあと、さらにカンボジア戦争や中越戦争といった強烈な試練の道をたどることになります。

そのように20世紀後半の世界史を動かした大戦争の中でも、とりわけ激烈だった時期、すなわちテト攻勢の前後やハノイ爆撃のころ、さらにサイゴン陥落にいたるまでを、現地からのルポとして報道しつづけることができたことには、私はジャーナリストとしてまさに冥加《みょうが》につきる思いがあります〈注1〉。

思い出ばなしになりますが、私がベトナム報道を志願したのは、「極限の民族」〈注2〉シリーズとして報道した「カナダ・エスキモー」（一九六三年）と「ニューギニア高地人」（一九六四年）のあとでした。こうした秘境探検ルポよりも、ジャーナリストとしては「生きている現在史」としてのベトナム戦争にこそ賭《か》けるべきだと考えたからです。しかし

米軍の最前線に従軍を始めたときの筆者。1967年3月23日、シャンクション＝シティー作戦にさいして米軍第173空挺師団が大量のヘリコプター群でタイニン省内の解放戦線基地付近に着陸、交戦した。騒ぎが一段落したとき、同行のベトナム人従軍カメラマン（チャン＝ダイ＝ミン氏）に写してもらった1枚。

当時の鈴川勇編集局長が、秘境ルポが好評だからもう一作を、と固執したため、さらに「アラビア遊牧民」（一九六六年）を取材・発表したわけです。でもこれはこれでいい経験にはなりました。

念願のベトナム特派が許されたとき、すでに日本の各新聞や放送でベトナム報道はかなりなされていて、ベトナム戦争それ自体がニュースになる時期は一段落していました。そこで南ベトナムに出発する際に私が取材対象として考えたのは、まだ報道されていなかった次の3点です〈注3〉。

①民衆の日常生活と感情。

②本当の最前線――これはカメラマンは行っているが記者は前線基地までだった。

③解放戦線――逮捕・抑留された例はあったが、正面から取材した例はなかった。

結局、これらを一九六六年末から一九六七年秋まで10カ月かけて取材し、逐次発表していったわけです。そしてあくる年の一九六八年、はじめて北ベトナムを取材することになります。以後、ベトナム取材は南北統一後の一九七七年までに4回つづけ、さらにポル＝ポト政権下のカンボジア取材に及びましたが、私のボーン国際記者賞はその中で最初の時期の記事に対するものです。

協会賞授賞見送りに唖《あ》然

本稿はボーン国際記者賞（のちにボーン・上田記念国際記者賞）を記念しての文章ですから、この賞自体と私のベトナム・ルポへの授賞をめぐる感想も書くことにします。

ごく最近出た『本多勝一の探検と冒険』（岡崎洋三著・山と溪谷社）という本があって、そのなかで私のベトナム・ルポと「新聞協会賞」との関係が書かれているのを興味深く読みました。それによりますと、一九六八年の新聞協会賞（日本新聞協会主催）に私のルポも候補となり、選考経過で第一次投票の結果、3社の作品（『朝日新聞』の私のルポのほか、『山陽新聞』と『琉球新報』）が残されました。ところがこの3作品をめぐって第二次選考が「実に難航し、第一日だけでは結論が出ず、第二日に持ち越すという過去の協会賞選考にも異例」なことになった末、最後に私のルポと「黒い政治」（琉球新報）の2作品を再投票としたそうです。結局は両者ほぼ同数で二分されるかたちになったので、出席委員の3分の2以上の支持を必要とする選考規定により、この部門（キャンペーンおよび連載企画）では「推薦作品ナシ」と決まりました。

奇妙なことですが、この規定によりますと、ある年の作品の平均が駄作であっても最終候補に3分の2以上支持があれば授賞となるし、仮にいくら高いレベルのものでも2作品が競合の末、それぞれが最終的に3分の2以上の支持がなければ「推薦ナシ」になってしまいます。普通のセンスでは、レベルが高いときは2作品ともに推薦されるので、授賞が二つという例など珍しくありません。別に私のルポが「高いレベル」だというのではなく、この規定のばかばかしさを指摘したいのです。

しかしながら、ボーン賞との関連でこの話を持ち出したのは、これだけのことからではありません。右の『本多勝一の探検と冒険』は、さらに「（新聞協会賞の）授賞を見送られた作品が他の賞によって表彰されるということがあったかどうか」を検証しています。それによると、私の場合はボーン賞のほかに、日本ジャーナリスト会議（JCJ）賞や毎日出版文化賞も受賞していますが、注目すべきは朝日新聞のリクルート疑獄報道です。この報道は「戦後最大のスクープ」あるいは「少なくともそのひとつ」と断言してもいいと思いますが、この年（一九八九年）9月の新聞協会賞の選考委員会で「ニュース部門に該当作なし」とされてしまいました。唖然とした私は、当時の『朝日ジャーナル』の連載コラムで「新聞協会賞のばかばかしさ」という一文を書きましたが〈注4〉、これに対してアメリカのジャーナリストの自主組織たる調査報道会は、朝日のリクルート取材班に特別表彰状を贈ったのであります。

つまりリクルート疑獄報道もまた、日本の業界よりもアメリカのジャーナリストのかかわる機関によって高く評価されたわけです。日本の新聞業界にいかに権威がないかの証明でしょう。

そう。日本新聞協会とは、ジャーナリストとしての志とは無関係なマスコミ、つまり情報産業・情報商売の経営者たちによる「業界」の組織にすぎません。戦後の数ある疑獄事件の中でリクルート報道が傑出しているのは、本来その任務にあるはずの検察や警察の主導ではなく、報道が主導するかたちで、この疑獄を追いつめたところにあります。検察や警察との〝癒着〟構造からリークされる種類の特ダネではなく、ジャーナリストとしての本道をゆく調査報道だったわけです。

そういう意味で、「業界」のつまらぬ新聞協会賞などではなく、ボーン国際記者賞やＪＣＪ賞によってこそ評価されたことを私は光栄に思い、リクルート報道と並べてそのことを考察してくれた前記『本多勝一の探検と冒険』の著者・**岡崎洋三氏**に感謝するものであります。

ベトナム以後の取材対象はアメリカと中国に

一方でベトナム報道は、さきに述べたような現代史・人類史としての大状況とは別に、私個人の人生としても決定的な曲がり角となりました。死と隣り合わせの米軍最前線や砲爆撃下の解放区取材は、ひとりの生身の人間にとって容易ならぬ決意を要するものです。徴兵のような強制力によって戦場に赴いたわけではなく、そんな危険な取材を会社（朝日）の上司が命じたわけでもありません。もっぱら自分自身で考えた結果ですが、そこには「ジャーナリスト」としての使命感といった類の〝大義名分〟があったとはいえ、むしろ本質は実存的虚無感に支えられた行動だったのではないか。学生のころマルローやサルトル、ヘミングウエイなどの作品に熱中していたことも無関係ではないでしょう。

しかしながら、私にとってのベトナム戦争取材は、「たんなる〈方法〉を超えて、あまりにも多くを考えさせ、反省させてくれました。報道とは何か。事実とは何か。客観とは、立場とは、歴史とは、そして組織とは、資本主義とは、民主主義とは、社会主義とは、生産力とは、自由とは、さらに人間とは、といった根源まで考えさせずにはおきませんでした。それは今なおつづいています。ベトナム報道は、今後私が何を書くにせよ（あるいは何も書かなくなるにせよ）、私の生涯に決定的な〈あるもの〉を投げつけました。（中略）それはとても一口に語れるものではなく、これからの全作品をもって回答とするような種類のものだと思います」（本多勝一著作集・第20巻『調べる・聞く・書く』朝日新聞社・266ページ下段から）

そんなわけですから、ベトナム以後の私の取材対象は、まず『アメリカ合州国』（一九六九年）となります。ベトナムで民衆にひどいことをするアメリカ兵を見るにつけて、戦後の日本で「民主主義の手本」とされてきたアメリカとは何なのかを検証すべく、その本国に行ったのでした。キング牧師やマルコムXなどの暗殺後、黒人運動が最高潮に達していたころです。本来のアメリカ人たる先住民族（インディアン）も訪ねました。

このアメリカ取材は当時の田代喜久雄編集局長の示唆によるものですが、つづく『中国の旅』は私自身の発案です。これこそベトナム取材からの直接的影響でした。つまりベトナムでの米軍のやりかたを見るうちに、それでは中国で長く戦争をしていた日本軍はどうだったのか。それを具体的に知りたいと考えた結果です。以後の主な仕事のほとんども、ベトナム報道が「私の生涯に決定的な〈あるもの〉を投げつけ」（前述『調べる・聞く・書く』から）た結果となりました。『アイヌ民族』『南京大虐殺』『マゼランが来た』『カンボジア大虐殺』『日本環境報告』『美しかりし日本列島』……。

ベトナム戦争は、おそらく人類史が体験した最も苛烈《かれつ》で高密度の総力戦だったと思います。また「空前絶後」とも言いたいのですが、「空前」はともかく「絶後」といえるのかどうか、核の脅威が拡散しつつある今、断言するには躊躇《ちゅうちょ》せざるをえないものがあります。人間の科学的技術や知識が飛躍的に「進歩」した一方で、知恵や「徳」は古代から変わらぬどころかむしろ「退歩」したかにみえた20世紀でしたが、21世紀には後者が前者を圧倒することができるでしょうか。

四捨五入すればすでに「古稀《こき》」の齢《よわい》になろうとしている今の私も、三十余年前のベトナムのさまざまな情景が、ほんの昨日見た夕焼けのように鮮烈な心象となって消えません。B－52や各種戦闘爆撃機などで、ジュウタン爆撃どころかドシャぶり爆撃にさらされ、月世界さながらのクレーターばかりとなってしまった北ベトナムの町や村。それでも深い地下壕《ごう》にもぐって抵抗しつづける女性民兵たち。南ベトナムの農村に攻めこんで、収穫前の稲田をスポーツカーのように踏み荒らしてゆく米軍戦車隊。解放区の村にヘリコプターの大群で降下し、すべての農家に放火してゆく米兵たち。廃墟と化した硝煙の村から、一人コツ然と現れ、米兵に通じぬ言葉で語りかける老女。深夜のメコンデルタ、米軍から奪ったカービン銃などで武装して現れ、インタビューに応じた解放戦線の青年隊長……。

「ベトナム以後」の私に対して、日本の保守系出版社の刊行物を舞台とする右翼論客やスキャンダル雑誌やストーカー的ライターなどが、執拗《しつよう》に攻撃をしかけてくるようになりました。侵略された国や人々に対して、日本がドイツと違う対応をすることによって孤立し、憎まれてゆくことになるのは必至ですから、侵略への反省につながるであろう私のルポは、「愛国的行為」になるはずですが、かれらはどうも逆に考えているようです。こんな連中を相手にするのは〝人生の無駄遣い〟になると思いますが、裁判までしかけてくる例に対しては、放置すると実害に及びますから、そうもゆきません。「四捨五入すれば古稀」の身にはシンドイ話です。

とはいうものの、人生に残された時間、やはり大部分は、死ぬかボケるまで、真の「ジャーナリスト」としての仕事を実践してゆきたいと願っています。

〈注1〉これらのベトナム報道は「本多勝一著作集」（朝日新聞社・全30巻）のうち次の3巻にまとめられている。——第10巻『戦場の村』・第11巻『北爆の下』・第13巻『ベトナムの戦後を行く』
〈注2〉このシリーズは、注1の著作集第9巻『極限の民族』に一巻本として収録。
〈注3〉この3点についてのくわしい説明は、やはり著作集の第20巻『調べる・聞く・書く』第6章に収録。
〈注4〉「新聞協会賞のばかばかしさ」は同著作集第18巻『ジャーナリスト』に収録。関連する論考に『貧困なる精神・M集』（朝日新聞社）収録の「〈新聞協会賞〉の産経新聞受賞を心から祝福いたします」がある。

〈追記〉「ボーン国際記者賞」は、日米マスコミ界有志が基金を出しあって一九五〇年に創設された。

この賞は、日米協力による世界ニュース通信網の確立に努力したマイルズ・W・ボーン氏（UPI通信社副社長）と、もと電波通信社長・上田碩三氏が、一九四九年に東京湾で突風により遭難したのを哀惜しての創設だった。設立当初は日本新聞協会が賞の選考・運営に当たったが、一九六〇年からUPI通信社と電通が引き継ぎ、一九七八年に「ボーン・上田記念国際記者賞」と改称された。『ジャーナリストの20世紀』はこの賞の50周年記念出版として刊行された。

『ジャーナリストの20世紀』（kk電通・二〇〇〇年9月）

国際語に不公平なイギリス語（英語）を採用すれば、〝英米人〟ばかりが得《とく》をする

――迫害や弾圧と戦ったエスペランチスト

書評は重要な様式《ジャンル》ですし、本を求めるさいの参考としてありがたいものの、自分で書評を書くとなるとつい二の足を踏む傾向が私にはあります。感動したり評価したい本を規定内の短文で表現する能力に欠けるところがあって呻吟することになるからです。そうした本は赤い傍線や余白につけるメモも多くなり、つまりは良い本ほど汚《よご》してしまうことになります。

最近読んだ中でのそれは、色川大吉氏の『日の沈む国へ』（小学館）とか、金谷武洋氏の『英語にも主語はなかった』（講談社）、天木直人氏の『さらば外務省！』（同）などでしょう。そしてここでとりあげるのがL＝C＝ザレスキ＝ザメンホフとロマン＝ドブジンスキによる『ザメンホフ通り――エスペラントとホロコースト』です。

一言でいえば、これは監訳者が「あとがき」で書いているとおり「ドブジンスキによ

るインタビュー形式で語られるザレスキ＝ザメンホフの波乱万丈の自伝です。彼は、国際共通語であるエスペラントを一八八七年に発表したラザロ＝ルドヴィコ＝ザメンホフ博士の孫で、第二次大戦の時にはポーランドのワルシャワにいました。

そして一九四二〜四三年、ワルシャワの「ザメンホフ通り」を、かのユダヤ人絶滅のための強制収容所ゆき貨物列車へと、ナチスドイツ軍によって歩かされた数十万人の中に、ザレスキ＝ザメンホフもいました。それが脱出・生還するまでの様子は、奇蹟的な運が何度も続き、読んでいても「手に汗を握る」ほどです。

エスペラントという言葉は、他の諸言語と同次元ではありませんから、エスペラント語とは言いません。この言葉の存在を「聞いたことがある」程度の方には、世界共通の意思伝達手段として夢のような、一種ロマンチックな印象を抱く人ともいるようですが、むしろ反対に、ザレスキ＝ザメンホフは迫害や弾圧との戦いの生涯であり、父親のアダム＝ザメンホフはナチス秘密警察に殺されています。ザレスキは日本とも関係があり、戦後コンクリート建築の権威者として来日して本四橋（本州四国連絡橋）建設にかかわりました。

このさいエスペラントに私が抱く特別な期待にも触れておきます（実は30年ほど前に学んだこともありました）。それは、日本でますます傍若無人ぶりをやり放題の「英語」（私は「アングル語」という）にからむ問題です。監訳者もいうように**「英語を使う場合には〝英米人だけが得をする〟」**ことになります。しかもこれは侵略者ブッシュを大統領に推しつづけるアメリカ帝国主義の言葉です。

関連書たる小林司氏の『ザメンホフ』（原書房）も言います。――「片方だけが生まれた時から使いなれている言葉を他方の民族にも押しつけて無理に習わせることなどしないで、中立のやさしい言葉を両者とも学習して使うのが理想的な国際交流のありかたであろう」**「『言語帝国主義』は人類文化の恥**である」

なお、少年向けに書かれたザメンホフの物語として和田登著『武器では地球を救えない』（文溪堂）もあります。これは本書のL＝C＝ザレスキ＝ザメンホフの祖父、すなわちエスペラントの創始者ラザロ＝ルドヴィコ＝ザメンホフが主人公です。

世界エスペラント大会は毎年開かれていて、二〇〇七年には日本でも横浜で催されます。

（『ザメンホフ通り――エスペラントとホロコースト』書評）

L・C・ザレスキ＝ザメンホフ／ロマン・ドブジンスキ＝著　青山徹・小林司・中村正美＝監訳　原書房　２８００円（税別）

（『週刊金曜日』二〇〇五年4月1日号）

『カティンの森』と三光政策、そして無差別爆撃

ポーランド（の近代史）は、ソ連（当時＝主体はロシア）とドイツという二つの帝国主義国（とあえて言う）に挟まれて、いいように翻弄《ほんろう》された歴史であった。その翻弄ぶりはさまざまだが、ソ連側に関してみるとき、スターリン時代の第二次大戦下で起きたカティンの森事件は、「まさか、そこまで……」と思いたくなるような、とてつもなくひどい事実である。

ポーランドは一九三九年9月1日、まずヒトラー政権のドイツ軍に侵略される。そのすぐあとの同月17日、反対側の国境から**ソ連軍が侵略してくる。ところがこのとき約1万5000人はそれっきり帰ってこず、どこかに消えてしまった**のである。

4年後の一九四三年春、カティンでかれらの遺体数千が発見され、殺されたことが明らかになる。ドイツはソ連のやったことと主張し、ソ連はドイツだと主張した。事実を

知る一部ポーランド人も、当時ソ連の衛星国にされていたポーランドでは、以後50年間というもの発言を封印されてきた。

そして一九八九年秋、ようやくポーランドの雑誌が証拠を掲載して、ソ連軍による虐殺（一九三九）であることを暴露する。あくる一九九〇年になってソ連政府も、これが悪名高いＫＧＢ（内務人民委員部）の犯罪であることを認め、**スターリン（が署名した命令書）によること**をエリツィン大統領が明らかにした。

いま日本で公開中のポーランド映画『**カティンの森**』（アンジェイ＝ワイダ監督＝東京は2月19日まで岩波ホール、翌20日から銀座シネパトス）は、この大虐殺事件を描いた作品だが、ワイダ監督自身もこれで父親が殺され、父親の帰還を待ちわびつつ母親も憤死する。これはワイダ個人としても怒りと怨念《おんねん》を込めた映画だ。

映画館を出たとき連想した〝日本の場合〟は、私自身で現場取材した例のひとつたる**「三光政策」**〈注〉**である。中国での村人全員の「皆殺し」虐殺**だが、小村だから一カ所の人数は少なくても多くの村がやられた。この悲惨は日本での歴史上の常識にはまだなっていない。質の高い映画がつくられるべきだと思う。

〈注〉太平洋戦争後から中国戦線で行なわれた日本軍の大規模掃討戦を、中国側は「三光政策」（みな焼け・みな殺せ・みな奪え）と呼んだ。拙著『中国の旅』（朝日文庫）では最終章。

（『週刊金曜日』二〇一〇年2月19日号「風速計」）

本誌2月19日号の「風速計」で、ポーランド映画『カティンの森』（アンジェイ＝ワイダ監督）について書いたが、そのシナリオを含むパンフレットに集英社文庫『カティンの森』（アンジェイ＝ムラルチク著）の広告が出ていて、「著者から日本の読者へ」という著者の言葉もある。それは「死者たちを正当に弔意しなければならない。過去との直面を避ける民族は敗北を宣言されている」という彼の信念であって、その信念を物語にしたとのことだ。つづけてアンジェイ＝ムラルチク氏は書いた。――「**戦争の悲惨さ**を体験した日本人なら、これを理解してくれることでしょう。」

ただし「戦争」の内実がポーランドと日本では違うのではないか。従ってその「悲惨さ」の内実も違うのではないか。ポーランドは独ソ両国による侵略という被害だが、B－52による無差別爆撃や原爆による大虐殺等は、日米両帝国主義の衝突の結果、あるいはワシントンからイラクまで続いた米帝侵略史の途上における残虐ではないのか。

（『週刊金曜日』二〇一〇年3月19日号）

II　日中戦争・ベトナム戦争

事実《ファクト》を求めて日中戦争の現場へ

――馬場公彦氏によるインタビュー

日本と中国の関係――日中関係が、まだ断絶状態だった一九七一年の6月15日、『朝日新聞』の記者だった私は、香港から空路で北京に行き、翌日まず外交部新聞司を訪れた。責任者の新聞司副処長・馬毓真氏に取材目的を説明して協力を依頼する。

以後40日間の取材結果は、同年8月29日から12月末までに『朝日新聞』紙上で4部にわけて報告し、並行して『朝日ジャーナル』と『週刊朝日』でも連載した。これらはさらに加筆して単行本『中国の旅』（朝日新聞社・一九七二年）として刊行され、のちに朝日文庫版（一九八一年）のほか『本多勝一集』第14巻（朝日新聞社・一九九五年）にも収録されている。（中国語版も『中国之行』として香港の四海出版社から出ている。龔念年訳・一九七二年）

以下に収録する**馬場公彦氏**との対談は、このルポ『中国の旅』の発表当時（一九七一年）から深刻な反響が20年間ほど続いた状況について一種ウラバナシ的に語られているので、

ルポの一側面として記録に残しておきたい。

馬場公彦　『中国の旅』で現地への直接取材はどのようにして実現したのでしょうか？

本多　取材の経緯については、**ぬやまひろし（西沢隆二）**さんが重要だった。当時の中国とは断交状態だった日本で、ぬやま氏は毛沢東と近しいというか連絡がとれたのでお願いした。取材ノートをお貸ししましょう。あのときの状況は忘れちゃったことが多いのですが、取材を思いついた最初は、これで見るとたぶん一九七一年3月ですね。

馬場　西沢さんとの接触は記憶にありませんか？

本多　それほど難しい話ではなかったけれど、細かいことはもう忘れました。ともかく毛沢東と連絡がつくのは、当時は彼しかいませんでしたから。基本的経過は割合単純ですね。表玄関から正攻法で行ったのです。

馬場　朝日新聞の**秋岡家栄**《いえしげ》さんは当時北京にいた数少ない特派員ですね。

本多　向こうとの連絡として非常に重要でした。

馬場　公明党とか社会党とか自民党の一部の重要なルートを使いませんでしたか。

本多　使っていませんね。そういう「ルート」は動きが鈍い傾向があるし、制約もありがちですから。

馬場　西沢さんは当時北京にいらしたのですか？

本多　いや、このときは日本の事務所です。直接的には貿易関係の実務ですが、政治的関係の方が意味はたぶん大きいでしょうね。私の取材にあたって中国側は外交部新聞司が窓口です。

馬場　新聞司の**馬毓真**さんが窓口ですね。取材先のルートをつけてくれたのでしょうか？

本多　北京の新聞司副処長ですね。おおざっぱな目的は彼に言いましたが、細かなことはわかりませんので、取材の協力を直接してくれたのは出先の各地の革命委員会です。省ごと村ごとにありました。一応は私も希望を言いますが、それが叶うこともあれば、向こうで指示されることもあります。

馬場　当時本多さんは社会部にいらしたのですか？

本多　いや、編集委員です。あの頃の編集委員には「部」への所属がなくて、編集局長室直属の4人だけでした。ずっとのちに増やして100人くらいになりましたが、そのころでは人事上のクッションみたいになってしまいましたね。**疋田桂一郎**さんは私たち最初の4人の一人で第一号でした。

馬場　中国に同行した**古川万太郎**さんはどういう取材でしたか？

本多　文革（文化大革命）そのものが取材対象ですね。

馬場　『中国の旅』には文革そのものの言及はあまりありませんが、文革そのものはどう見ていましたか？

本多　私の取材は文革が目的ではなかったから。しかしそれにしても文革について当時は報道が少なくて、一方的なものばかりでした。あの頃は確かに厳しい時代で、私も判断しかねていました。ただ問題の根源はそんな中でファクト（事実）にあるということです。

馬場　予備知識はどこで仕入れたのですか？

本多　ほとんどありませんね。南京大虐殺などは〝評判〟程度に当時知られていましたが。

馬場　取材の前に他の人の書いたものをあまり参考になさらずに、現地に飛びこんで取材をしたのですね。

本多　少なくともその時点でのマスコミには、そういう資料はありませんでした。

馬場　『三光』という本が当時出ていましたが、撫順の抑留された人や戦犯が組織した中帰連（中国帰国者連絡会）を訪ねたりされませんでしたか？

本多　事前に会ったり話したりしたことはなかったと思います。彼らの言ったことはすでに雑誌や本で発表になっているのですから。それに当時の私の取材目的からすれば、そこで日本人の言うことを聞いても仕方ありませんから。先入観もない方がいいし。

馬場　本多さんが取材なさった平頂山や万人坑について、当時普通の日本人はあまり知らなかったでしょう。

本多　「普通」の人はあまり知らなかったでしょうね。

馬場　本多さんのご出身の長野県では、満蒙開拓団などで日中戦争と関わった村や家が多かったですね。

本多 小学生のころ村から「出征」する人を見送りましたね。「われらは若き義勇軍、祖国のための鍬とりて……」とかいうような歌をうたって、兵隊だけでなく満蒙義勇軍も見送りました。荒野を開墾するというわけですが、実は未開の地を開拓した例よりも、既成の畑などを奪ったことも少なくないらしいことをのちに聞いています。

馬場 中国への直接取材を思い立ったのは、アメリカのソンミ事件報道のような報道を行なうというのが動機にあったと書いておられますね。『中国の旅』は『戦場の村』（ベトナム取材）の続編という意識ですか。

本多 そうですよ。ベトナムでの『戦場の村』のあとアメリカの本国に行って取材し、ルポ『アメリカ合州国』〈注〉にまとめます。順序はアメリカ取材の方が中国取材より前でした。そのあたりのことはルポに書いたはずです。

馬場 取材にあたっては現地でどのように意向を伝えたのでしょうか？

本多 まず北京で取材目的を言いました。東北地方（旧「満州」）には私の方から「行きたい」と言いました。あとは現地に行ってから現地の革命委員会で説明します。瀋陽では遼寧省革命委員会の人ですね。

馬場 朝日新聞社では、取材することについての反応は何かありましたか。

本多 本社の局長らは、その取材をあまり歓迎しませんでしたね。

馬場 しかし『朝日新聞』本紙も『朝日ジャーナル』も『アサヒグラフ』も、当時相当大きく連載していましたよね。

本多 それはやはり当時の日中関係だね。取材をしておいていい加減な扱いをしたら中国に対してまずいでしょう。確かこの取材に私が行ってきた直後かな、朝日本社の編集局長以下政治部長など主要な陣容が北京に行ったのです。まだ国交回復前で、日中の正式交流はないときでした。こんなとき、朝日に限らず私のせいで変な対応をされたらまずいでしょう。

馬場 そのことは念頭にありましたか？

本多 中国の現地で取材中はありません。それは仕事の内容に直接は関係しないから。

馬場　カメラは？

本多　写真はすべて自分で撮りました。

馬場　通訳の単用有さんはずっと同行しましたか？

本多　このときの訪中で最初の東北地方取材についた通訳は、日本語が不完全でタヨリなかったので、すぐ交替してもらったのが単用有さんだったんです。単さんには中国東北地方に着いてから会いましたが、正確で完璧な日本語を話しますから、こちらがお願いをして東北地方よりあとも最後まで付いてもらいました。

馬場　取材を受ける側の人が、当時は文革中だったので外国の人と接触するのを警戒したのでは？

本多　いやあ、取材を受ける側はフツーの町村の一般庶民ですからね。それに内容的にもむしろ彼らの話したいようなことだし。

馬場　取材の障害は感じなかったですか？

本多　全くありませんでした。例えばある街に行きますと、予め取材目的について中央から指示がきていますから、現地では取材で聞くべき相手をさがして準備していています。向こうはこちらの取材方法を知りませんから、多いときは10人くらい集めてきました。彼らはよく体験者間の座談会で応ずるのです。私に対してもそんなことを考えていたようですね。こちらはそんなことを無視して一人ずつ分けて別々に徹底的に聞きます。その間、あとの人は単に黙って聞いている。だから丸一日かかって一人か二人のこともあります。そんな状況ですから途中から、もう当人以外は退席してもらうことにしました。写真については通訳がいますから、通訳している間に自分で撮影します。

馬場　録音はしましたか？

本多　しましたが、原則はメモですよ。通訳している間に書けますから。録音は記事にするときメモを確認する必要があった場合に聞くが、そんなことはあまり多くはない。

馬場　取材中は現場を撮ったりしますね。

本多　取材がすすむうちに向こうは私の取材目的がよくわかって、もう警戒しなくなりました。全体では40日間くらい取材しました。

馬場　『中国の旅』には南京攻略の途上での百人斬りの話がありましたね。

本多　これは日本で当時『東京日日新聞』に記事が出

たことにちょっと触れているけれど、くわしくはのちの私の南京取材（一九八三年）で詳細が明らかになることです。

馬場　そのあと南京研究会で南京事件の問題に深く入っていきますね。『中国の旅』の反響は大きく、鈴木明さんとか山本七平さんとかからの批判を受けての論戦をどう受け止めていたのでしょうか？『月刊社会党』一九七二年1月号には「中国に過去の日本の犯罪を『謝罪』してはならない」をお書きになっていますね。

本多　株式会社文藝春秋の月刊誌『諸君！』の反論は実にばかばかしかった。イザヤ・ベンダサンとかいう偽名を使っていた山本七平なんかは、私が反論で具体的に細かく指摘したので、彼は困ってしまったのですね。偉そうなこと言っていたくせに、そのあと評論家としてはすっかり消えちゃいましたね。

馬場　批判の投書とか、右翼による身の危険とかはありましたか？

本多　投書はかなりありましたね。右翼は留守中に自宅に来たので、家族のことも考慮して引っ越しました。俺一人ならどうってことないのですが、まだ小さな子どもたちもいましたから。

馬場　『月刊社会党』の論文では、一握りの軍国主義者と一般人民とを分ける中国の人の見方を紹介して、「すべては天皇に象徴される天皇制軍国主義によってなされた。もちろんそのさらに底には財閥があるけれども、構造の頂点に天皇があったことは否定できない」とおっしゃってます。毛沢東もまた一握りの軍国主義者と人民との区別論を言いますね。

本多　このルポの上では特にそういうことに触れる必要は基本的にありません。その区別する発言は中国の取材相手がそう言っていたということであって、私が自分から言い出したわけではない。

馬場　『中国の旅』は、侵略の加害意識をもたらす意味で大きい役割を果たしました。国交回復の時期でしたから、復交の条件として戦争責任を考えさせる上でも大きな意味を持ちました。日中戦争にせよベトナム戦争にせよ、戦争においては同じことが起こるということですね。

本多　「戦争」というより「侵略」ですね。戦争というと曖昧になりますからね。どちらが侵略したとも言えないような戦争も歴史の上では少なくないと思いますが。日中戦争の場合は、ただ「戦争」というと「公平な見方」という実は不公平な表現になってしまいますから。

（馬場公彦『戦後日本人の中国像』＝新曜社・二〇一〇年）

〈注〉ルポ『アメリカ合州国』は、朝日新聞で一九六九年から一九七〇年にかけ「黒い世界」と題して間欠的に連載され、これに補足して一九七〇年末に単行本『アメリカ合州国』が刊行された。その後一九八一年には同書が朝日文庫版の『アメリカ合州国』として、さらに一九九四年には朝日新聞社から『本多勝一集』第12巻に著作集版の『アメリカ合州国』として増補版が刊行されている。また二〇〇二年には、合州国ブッシュ政権によるイラク侵略を機に現地取材で書いたルポ『アメリカは変ったか？』（『週刊金曜日』別冊ブックレット④）がある。

日本と中国の生き証人2者に聞く体験

以下に紹介する二人の証人は、南京事件に加害者として加わった一日本人兵士と、被害者として集団虐殺現場から奇蹟的に生還した一中国人である。新聞とミニコミに発表した聞き書きだが、まだ単行本には収録されたことはないので、発表されたときの形式のまま本書に収録した。南京事件について日中の双方からの、直接の現場からの生き証人として貴重なものと思われる。

（本多勝一）

【その一】旧日本軍「大野部隊」上等兵の告白
――『朝日新聞』一九八六年12月8日朝刊記事の詳報――

きょう8日は太平洋戦争開戦45周年記念日、来年は日中戦争が本格化した盧溝橋《ろこうきょう》事件の50周年に当たる。これは同時に、あの南京事件（南京大虐殺）の50周年でもあり、当時

20歳代だった兵隊はもう70歳代になる。事件に関与した師団のひとつ、第16師団の中島師団長（中将）の日記が一昨年公表されて、捕虜は生かさぬ方針だったことや非軍人も殺されたことが明らかになった〈注1〉が、このほど同じ師団の77歳になる当時の上等兵が、自分が直接関与した虐殺について深く反省し、「もう老い先も長いことはないので、せめてもの罪ほろぼしにありのままの事実を言い残しておきたい」と、当時の日記を前にして虐殺の模様を詳細に語った。この場合は南京城内で市民を含む約５００人が機関銃８丁の一斉射撃で虐殺されている。南京事件を証明する日記などはこれまでにもいくつか公表されているが、日本軍側の生き証人による「勇気ある告白」はきわめてまれである。

「平和のための京都の戦争展」実行委員会〈注2〉は、戦争の被害面のほかに加害（侵略）の立場からも「掘りおこし運動」をすすめてきたが、最近同会が丹後地方で捜しだした日記の筆者・板倉四郎氏（仮名・77歳・農業〈注3〉）は今も健在で、自分が直接くわわった大量虐殺に良心の呵責を長年感じてきた。近年きれいごとの部隊史・回想録の刊行が盛んなことに批判的だった板倉氏は、メモ風の陣中日誌をもとにして、事実をつつみかくさぬ詳細な手記を大学ノートに書いた。以下の証言は、その手記のうち虐殺の部分についてくわしく聞き書きした結果である。

京都府竹野郡丹後町の板倉氏は、南京攻略戦当時「大野部隊」の上等兵だった。正確にいえば第16師団（中島中将師団長）第20連隊（大野大佐連隊長）第1大隊（西崎少佐大隊長）第4中隊（坂中尉中隊長）に属していた。

板倉氏の小手帳に書かれたかんたんな日記のうち、一九三七（昭和12）年12月14日、すなわち南京陥落の翌日のページは次のように書かれている。

「十二月十四日　掃討

外国租界ニ入リ避難民中ニ混リテ居ル敗残兵ヲ掃討ス　第四中隊ノミニテモ五百人ヲ下ラズ　玄武門側ニテ銃殺セリ　各隊ニテモ又同シト云フ」

このときのくわしい様子は、板倉氏の自宅を一九八六年秋に私が直接たずねて聞いた証言によれば次のとおりである。

12月11日から南京城の見える西山高地で激戦が展開されたが、12日夜から13日の午前2時か3時ごろにかけて、蒋介石軍は総退却に移った。紫金山のあちこちにタイマツの火がゆれ、笛の合図がきこえる。板倉氏は小隊長に追撃を進言したが、中隊長から「別命あるまで待機」を命令された。城壁まで約1キロの位置である。

13日の朝になると、２００メートルほど左下に見える本道路を、日本軍が隊をなして進んでいった。前方やや左手に中山門が見える。板倉氏らも高地を下り、本道路わきまで行って飯盒炊爨《すいさん》をした。新聞社の自動車が来て取材し、写真もとった。

連隊が第1大隊を先頭に軍旗をかざして中山門から入城行進に移ったのは午後2時ごろであった。門をはいって数百メートルのところに大きな病院があり、中国兵の負傷者収容施設となっていた。はいってみると、足腰のたつ者は逃げたあとなので、動くこともできぬ重傷者だけが残っていた。中山北路へ出る街路は、捨てられた兵器や軍服から馬や自動車などが散乱し、人影は全くなかった。午後5時ごろまで3〜4時間ほどあちこち見てまわったあと、板倉氏の小隊約50人は電灯公司《こんす》に泊ることになった。第4中隊（3個小隊）はこの付近200メートル以内に分宿した。

この公司の倉庫には缶詰などの食糧がたくさんあり、老酒や赤い色の酒などまであった。戦死した戦友のために祭壇をつくってから、一同は戦捷祝賀会を開く。老酒は鍋《なべ》でカンをした。思いきり飲んで歌い、抱きあって感激の涙にくれた。故国を出て4カ月、板倉氏はこのとき「支那事変はこれで終るのだ。遠からず日本へ、丹後へ帰れるのだ」と思った。嬉しさのあまり、午前1時か2時ごろまで騒いだ。外に出て叫んだりしたので、大隊副官が現れて「いくさはまだ続くんだ。いいかげんで早く寝ろ」と注意した。

あくる14日。朝食のあと整列すると、中隊長が「きょうは外国租界の難民区を掃討する任務につく」と命令を発表した。目的地域に向かって場内を一時間余り歩く。途中ほとんど人通りがなく、たまにお婆さんを見るていどだった。

外国租界にはいると、フランスやアメリカなど第三国の公使館の前には、それぞれの国の残留者が国旗を立てて警戒していたものの、ごく少人数だった。そうした建物には、大隊本部づきの通訳が交渉してから中を調べた。

板倉氏の中隊は、難民区内の大通りからかなりはいった所にある3棟ほどの大きな建物にはいり、集まっていた難民を調べた。日本の当時の小学校のような2階建てで、各棟は廊下でつながっている。中庭のようなところに炊事場があった。各部屋には200人から300人の難民がいて、家族ごとにかたまっていた。

ここで中隊は、1小隊が1棟を分担して調べることになった。板倉氏の小隊は2階の2室を取調べ室にして、兵隊年齢にあたる若い男たちを片っ端から訊問することにした。2室のうち第一室は、おおざっぱに通訳なしで調べる〝予選〟の部屋だ。つぎの第二室は中国語の通訳がいたらしいが、板倉氏は第一室にいたのでよく知らない。通訳は中隊全体で2〜3人いるだけだった。各分隊は、下士官など上の方の兵隊3人ほどが訊問係りになり、あとの兵隊は各室から若い男をひっぱってくる役を受け持った。上等兵の板倉氏は第一室の訊問係りである。

若い男を家族からひきはなして連行するとき、本人も家族も「不是《プーシー》」とか「不対《プートィ》」（違う！）とか叫んだりしたようだが、これも板倉氏は取調べ室にいたのでよく見てはいない。男たちは10人くらいずつまとめて連行されてきた。おそらく全部では2000〜3000人もを次々と手早く調べるので、一人あたりの取調べ時間はほんのわずかしかない。幅5間長さ7〜8間ほどの部屋に連行されてきた約10人は、日本兵にかこまれたなかで裸にされ、着物も調べられる。調べる側は「お前も兵隊だろ？」などと日本語でいいながら、足を蹴とばしたり手をねじあげたり、かなり乱暴に扱かった。時計などをとりあげる兵隊もいる。〝予選〟で残るのは平均10人中3人くらいだった。これはさらに次の部屋へ連行される。

こうして調べた男たちの中には、もちろん本物の中国兵もいた。上衣の下に、連隊名や中隊名の「片布《へんぷ》」をつけた襦袢《じゅばん》を着ている者もいた。しかしそのように確実な中国兵は、怪しんで残されたなかの1割ほどにすぎなかった。多くは上海や常州の方から南京まで逃げてきた民衆である。城内の住民はわずかだった。みんな観念しているのか、調べを素直に受けて、あまり反抗的になる者はいなかった。

取調べは午後1時ころまで行なわれた。数百人が「容疑者」として残された。これをどう扱うべきか、大隊本部にうかがいを出してから昼食にした。飯盒にあった飯を食べ、1時間余りたったころ、大隊から「適当に処分せよ」という回答が来た。具体的には玄武湖まで連行して湖岸で殺し、水中に捨てる命令だったらしい。

外に出された数百人は5～6列縦隊に並べられた。そのうち外側の2列は、街路に散らばっていた電灯線や電話線などのコードで、片足を腿《もも》のところで縛られて数珠《じゅず》つなぎにされた。だから内側の3～4列は縛られていない。このようなかたちで並んだ行列は、着剣した銃を持つ日本兵に両側からはさまれ、難民区とは反対側の城壁にある玄武門へと出発した。

薄曇りの肌寒い日だった。1時間以上歩いて玄武門に着いた。途中脱走者はいなかった。だが玄武門には土嚢《どのう》がいっぱい積みあげられて塞《ふさ》がれ、かんたんには門が開けない。面倒だからここで殺してしまうことになった。

玄武門に向かって右側の城壁の下に、土嚢をつくるために土をとったあとの広い凹地があった。ここで銃殺して埋めれば丁度よい。中隊には、機関銃中隊から派遣されてきた一行もついていて、重機関銃2丁と軽機関銃6丁が運ばれてきた。

捕われの若い男たちの行列は、凹地の壁ぎわへぞろぞろと導かれてゆく。行列の前半分くらいが凹地へ移動したとき、機関銃が一列に並べられた。捕われ人たちは目かくしされていたわけではないので、これで自分たちの最後をさとった。行列からとびだして逃げようとする者がいたが、ただちに銃剣で刺された。そんな例はしかし10人ほどだけだった。

処刑場の凹地へすすむ行列の中から、かこんで見ている日本兵に向かって、自分の時計やタバコなどを投げ与える者が何人かいた。板倉氏に与えたのは、行列の外側で足を縛られた男であった。「支那人の給与だ」と笑う兵もいたが、板倉氏は衝動的に、強いあわれみの情に胸を突かれた。たまたま眼前を通りすぎる男——外側の男は縛られているので内側の男——の肩をつかむと、列の外へひっぱりだした。すぐ次の一人も。……ほとんど無意識に近い行動で二人の中国人を助けたのである。したがって板倉氏は、自分に時計などをくれた男ではなく、別の男を助けたことになる。

城壁ぎわの処刑場に全員が集められて10分もたたぬうちに、「撃て」の命令が下された。8丁の機関銃が1分間の一斉射撃。30〜50メートルほど離れていた日本兵のところまで肉片が飛んできた。前の方にいた板倉氏の軍服も血しぶきでベタベタになった。少しでも機関銃から遠のきたい群衆は、城壁側へ折り重なってかたまったが、中には顔をあげてこちらを見る者もいた。機関銃の轟音で叫び声はかき消されていたが、「やめ！」の命令で射撃が休止されたとたん、何とも形容しがたいうめき声の束が襲ってきた。「アイヤー」その他の叫喚《きょうかん》もきこえる。2〜3分後、再び「撃て！」の命令。轟音。二度目の休止。……こうしてたぶん3回ほどの一斉射撃がくりかえされた。うめき声も叫喚も消えた。

死体に土をかける作業は30分間ほどかかった。円匙《えんじ》とよばれる壕掘り用の小型シャベルでまわりの土を掘ってかけたのだが、あまり厚くはかけなかったので、生きている者があって頭を動かせばかんたんに顔を出せるていどだった。致命傷を受けずにあとで脱出した者もいたのではないかと板倉氏は思っている。夕方まだ明るいうちに中隊は現場を引揚げた。

この日は下関《シャーカン》の方へ1時間以上歩き、蔣介石軍海軍部（日本の海軍省）の建物に大隊全員が集結した。途中に鉄筋コンクリートで焼けただれてがらんどうの建物が見えた。これは同大隊の他の中隊が、同じように狩り集めた何百人かをこの屋上にあげ、ガソリンの火ぜめで殺した現場だときいた。火だるまになって飛びおりる者もあったという。

15日から1週間ほどは、城外での警備任務についていた。その間のこと、砲兵学校の兵舎のような建物のそばで昼めしをとったことがある。兵舎には日本軍がはいっていたらしいが、庭には有刺鉄線にかこまれて何千人もの男たちが捕虜あつかいされていた。中山隊から比較的近い場所だったと思われるが、どこの連隊かわからない。監視兵によると投降した中国兵だという。大砲の薬莢《やっきょう》に飯《めし》を入れて、大きな薬莢だと「これは三人分」、小さいと「二人分」などと渡していた。監視兵は「日本軍だって足りんのに、この連中に糧秣《りょうまつ》を食わせるなんて腹ア立つ」と言った。あとできいた話では、揚子江でみんな殺されたらしい。

板倉氏が助けた二人は、しばらく炊事係り・雑用係りとして使われていた。二人とも兵隊ではなかった。一人は「ワン」という名の手品師、もう一人は「チャン」という名の時計屋で、いずれも上海出身である。板倉氏は「ワン」から手品を習った。お手玉を頭から口へ出す方法、ひもを切ってつなぐ方法、火を飲む手品……。

それにしても、あの処刑場へ向かう犠牲者たちが、日本兵に時計やタバコを投げ与えていったのはどういう心理だったのか、板倉氏は今なおよく理解できないでいる。「あの世へ行って、私たちがこんな話題をしていることを喜んでくれているのかもしれません」と、板倉氏は涙声になりながら、習った手品をやってみせた。

〈追記〉板倉氏の自宅で右の聞き書きをしていたとき、同じ中隊だが別の小隊にいた畝本五郎氏（仮名＝当時伍長）が、中隊に関するさまざまな資料を見せてくれた。そのなかに『支那事変出征戦友の手記』があり、これは第4中隊（坂隊）の兵隊の体験記を集めたものである。手記には「其一」「其二」……「其八」くらいまであるが、「其三」には南京占領直後の正月（一九三八年）に書かれたという板倉氏のこの件の手記も収録されている。坂中隊長が負傷して帰国するにさいして書かれたという。ところが板倉氏は、この手記の字体は自分のものではないと断言する。内容も西山の戦闘については書いたことがあるが、右の掃蕩・銃殺については書いた覚えがないというのである。その内容も右の聞き書きとはかなり異り、軍服を平服に着がえつつあった敗残兵300人と、難民の中から選びだした300人、計約600人を銃殺したことになっている。この間の事情はまだよくわからない。

また、畝本氏が見せた中隊の戦闘詳報には、次のように書かれている。

「午前十時ヨリ城内第二次掃蕩区域の掃蕩ヲ実施ス　敗残兵三二八名ヲ銃殺シ埋葬ス」

「鹵獲兵器左ノ如シ

品目	数量	品目	数量
小銃	一八〇	拳銃	六〇
銃剣	一一〇	眼鏡	二
小銃弾	四〇〇〇	手榴弾	二〇発
拳銃弾	五〇〇〇発」		

これについて板倉氏は次のような注釈をしている。

「私のメモは約500人となっているが、これはざっと見た印象であって実際にかぞえたわけではないから、ここでいう328名が正確かもしれない。この328という数字に、私が助けた二人が入っているかどうかはわからない。捕獲兵器の数については、このとき奪ったものだけではなく、それ以前の西山の戦い以来の3日間ほどの合計であろう。しかもこうした武器の戦利品は功績をあらそって誇大になりやすい。当時の中隊長の当番兵をしていた兵隊も、こうした捕獲兵器がどんなに誇大なものかをよく笑って話していた。」

〈注1〉『歴史と人物』増刊号「秘史・太平洋戦争」（中央公論社）＝一九八四年12月。

〈注2〉京都市上京区丸太町新町春帯町３５０日本機関紙協会京滋地方本部内（幹事団体代表・寿岳章子氏）。

〈注3〉こうした告白・証言などがあると、手紙や電話による卑劣な脅迫が殺到する前例があったため、当人の希望により実名や住所等は伏せた。

【その二】旧蔣介石軍・用務員の体験
――長野県下伊那郡松川町の月刊誌『はこべ』一九八五年7月号――

一九八四年の4月から半年間にわたって、週刊『朝日ジャーナル』で私（本多）は「南京への道」と題するルポルタージュを連載した。これはその前年（一九八三）の暮れに、上海から南京まで約40日間かけて取材した内容の一部である。

今から48年前（一九三七年＝昭和12）の日本軍による中国の首都攻略戦は、上海派遣軍と第10軍という二つの日本軍によって行なわれた。私が一九八三年に取材したのは、このうち上海派遣軍の方、すなわち上海から太湖の北側の蘇州―無錫―常州―鎮江などを進撃したコースである。

いわゆる教科書問題とからんで、私のこの連載は『文藝春秋』一派を中心とする右翼ジャーナリズムから激しい攻撃にさらされた。そのほとんどは「文章を書く」上での基本的ルールもわからぬ人々による空しいでっち上げ作業だったので、私としては一層強い自信を得る結果となり、翌年（一九八四）の暮れに再び現地調査に行った。こんどは第10軍の足跡、すなわち杭州湾から太湖の南側をまわって南京への日本軍進撃コースである。（南京市そのものでの虐殺体験者からも聞きとり調査をしたことはいうまでもない。）

この第2回取材については、まだルポとしては発表していないが、その第10軍のコースから唐広普という68歳のもと中国軍男性から聞いた体験をここに発表することにした。なぜ『はこべ』で書くかというと、ここにはかつて中国に侵略したもと日本軍出征兵士が「嗚呼、キナバル山」と題して長い連載を書いており、その文章は侵略に対する深い反省を前提としたものとは認め難かったからである。このままでは〝ムラの総合月刊誌〟としてバランスを欠くと思われた。

いわずもがなの蛇足を加えるならば、一国の歴史が終始正義だったこともなければ、反対に終始被害者側のみだったことも稀であろう（民族単位ではかなりあろうが）。中国数千年の歴史は、ときには加害者、ときには被害者だった。そして日中一五年戦争についていえば、日本による明白な被害者であった。現在の中国について論ずるのは自由だが、それが批判的であれ肯定的であれ、この歴史的事実を変更することはできない。しかし同じ軍国主義を歩んだドイツやイタリアの戦後と違って、日本はこの戦争責任を自らの手ではついに追及しなかった。その結果、普通の（つまり現場を知らぬ）日本人の多くは、侵略の具体的風景がどんなものかを知らないままでいる。このことが、今のアジア諸国へ出てゆく日本人の言動を無神経にさせ、アジア諸国民のひんしゅくを買い、警戒心を起こさせる一因ともなっている。私たちはもっと「加害」の具体的風景を知る必要があるだろう。

以下の証言は、南京市内で唐さんから聞いたものである。

唐広普さん（68歳）は一九一七（大正6）年の旧暦11月20日生まれ、江蘇省阜寧県出身である。数え年16歳で国民党（蔣介石）軍に入営したが、兵士としてではなく、いわば用務員として軍の雑務をしていた。日本軍の南京攻撃当時は陸軍軍官学校教導総隊2団3営〈注1〉の勤務員だった。「城防司令部」は新街口のにぎやかな商店街にある交通銀行におかれ、司令官は桂永清だった。（南京市駐屯軍全体の指揮官としては李宗仁と白崇禧がいて、この二人は唐生智より有名だったと唐さんはいう。）

唐さんはここで茶碗を洗ったり片付け仕事をしたりの雑務をしていたが、日本軍城内侵入の2〜3日前に口令（伝令）として城外へ出たことがあり、そのとき初めて日本軍の戦車を見た。

一九三七年12月12日の夜8時か9時ごろ、城防司令部の軍官（将校）ら20〜30人は、下級兵卒や勤務員たちに、「残って最後まで抵抗せよ」と命じ、自分らは馬で逃げ出した。だれも監督や命令をする者がいなくなったので、その後はばらばらになって勝手に出ていった。唐さんが同僚とともに6人で交通銀行を出たのは深夜の1時か2時ころだった。群衆にまじって大混乱のうちに中山路を北へ歩き、挹江門から出ようとした。

だが、門には国民党軍の戦車が一台破壊されて頓挫し、周辺は死体が層をなしていて、それをふみこえていく大群衆の人波がぎっしりと隙間なくつづいていた。いったん倒れたら人波にふみつぶされて助からない状態だった。死体の層は門のところが最も高くなる山になっていて、その高さはたぶん1メートルか2メートル近くもあった。戦車の上にも死体があった。唐さんたち6人は、なんとかして倒れないように無事に出ようと、門のそばの空地へ行ってゲートル（巻脚絆）で互いの腕をしばった。こうすればだれかが倒れかけても両側から支えることができる。

このようにしてやっと挹江門を通過した6人は、１００メートルほど門を出たところでゲートルをほどき、ばらばらに逃げた。唐さんは同年輩の康鶴程と二人で逃げた。このとき群衆の一人から聞いた話だと、門の下に頓挫していた国民党軍の戦車は、群衆をふみつぶして逃げようとしたため、「抵抗もせずに真先に逃げるとは許せない」と、国民党軍の兵卒が手榴弾を投げこんだ結果らしい。大群衆は国民党軍の兵卒も市民もごたまぜだったが、どちらかといえば市民の数の方が少ない印象で、とくに女性はあまり見なかった。また兵卒たちの大部分はまだ軍服を着ていた。

挹江門から北の方へと逃げる途中、熱河路の入口あたりの壊れた自動車の中に毛咾子(厚い毛織りの布)があった。寒いので、唐広普さんはこれを軍服の上から羽織《はお》って着た。濃い青色の高級品で、おそらく金持ちのものだった。康鶴程は軍服のまま上に何もつけなかった。

長江の岸辺に出た二人は、舟かそれにかわるものを捜しながら岸ぞいに下流へ(北へ)ゆくうちに、燕子磯あたりで夜があけた。船の類は一切ないので、浮きになるような板か材木をさがして泳ごうとしたが、民家の扉など目ぼしいものは片はしから利用しつくされていた。ある一軒で料理用の卓をみつけたので、二人で岸辺にもっていって泳いでみたが、浮力不足で沈んでしまう。またもどって小さな木箱を二つみつけ、さかさにした卓の両側に結びつけた。こうして木箱の間の卓に乗ったかたちで、軍用の小型シャベルを櫂《かい》がわりにして漕ぎだした。ところが、こんなかたちでは舟のようには進まない上に、沖の方からの逆風だったので、10華里（5キロ）くらいまわった末に岸にもどってしまった。

こんなことをしているうちにその日は暮れた。疲れはてて路地ぎわに腰をおろすと、そのまま二人は眠りこんだ。

銃声に目が覚めると、すでに薄明《はくめい》であった。銃声と反対の方向へ逃げてゆくと、そちらからも銃声がした。で、もう一方の側へ走ったが、これも銃声だった。どうやら包囲されているらしい。右往左往する群衆で大騒ぎになり、そんな中に軽機関銃の音もきこえた。

ついに日本兵の姿が現れた。カーキ色の軍服で、みんな馬に乗っている。騎兵隊なのだろう。軽機関銃を持った兵隊は丈の高い赤毛の馬に乗っていた。軍刀をふりたてる者が多かった。追いたてられる過程で射殺・斬殺される者も続出した。

燕子磯の街の西に野菜畑があり、群衆はそこに追いたてられた。ざっとみて３０００人か４０００人くらいが集められると、騎兵隊のほかに歩兵たちもたくさん現れ、全員の身体検査をはじめた。武器の類を持っている者などだれもいなかったが、多少とも貴重な目ぼしいものはみんな取られた。唐さんの着ていた毛咜子も奪われた。

身体検査が終ると、正午ごろになって四列縦隊に並ばされ、周辺を日本兵に警戒されながら歩きだした。連行された先は10華里以上離れたところにある草営房（草ぶきの大きな棟）の廠舎で、以前は国民党軍が訓練用の仮兵舎にしていたところだった。詰めこめば一棟に2～3団〈注2〉、すなわち２０００人以上はいると思われる草営房がたくさん並ぶ。床も寝台の類も一切ない地面だけの室内に、唐さんらは満員電車なみに詰めこまれた。

この廠舎に以後1週間いることになるが、あまりにぎっしり詰めこまれているので、横になって眠ることができない。地面に敷くものもない。仕方なく立ったまま、まわりにもたれあって眠った。外に出ることができないので、大小便を入口近くの者は壁ぎわにしたが、奥の方だとたれ流しにしている者もあり、廠舎は惨憺《さんたん》たる状況となった。ただ飲まず食わずのため、大小便もあまり出なくなった。これでは餓死するので、せめて水をくれるように日本兵に懇願すると、４日目にようやく飲むことができた。しかし、年配者の中には死ぬ例もあり、死ぬと外の溝などに捨てられた。捕虜の一部が出されてどこかへ連行されたり、新しく連行されてきたりすることもあったが、他の棟とは連絡が一切とれないので、どこで何が起きているのか様子は全然わからなかった。

ここへ連行されてきた日を含めてたぶん7日目、すなわち12月20日前後の朝、日本兵が「ここは食糧がないので、城内の食事できるところへ移動する」と告げた。移動の前に、全員をうしろ手にしばる作業がつづけられた。新しい白布を裂いてひもにし、大量の捕虜群をしばり終ったのは午後1時ごろであった。

兵隊らにはさまれて4列縦隊で歩きだした一行のなかで、唐さんはほぼ中央部にいると思われた。康鶴程もずっと一緒だ。行先が南京城内とは違うようなので「変だ」と思ううちに、上元門と草鞋峡のあいだにある老虎山〈注3〉のふもとを通り、長江の方へ行った。1週間も食べていない捕虜群では歩くのにもよろよろして時間がかかったが、途中で逃亡する例は唐さんの知るかぎりでは一人もなかった。しかし衰弱のあまり歩けなくなる者があると、兵隊たちは縛《しば》っているひもを切って道ばたにひきずりだし、銃剣で刺し殺した。

途中で休憩があって行列がとまったとき、ある兵隊が唐さんのひもを切って列の外へつれだした。殺されるのかと思ったら、地面に四つんばいにさせられた。その背中に兵隊が腰かけると、理髪兵らしい男がその頭を刈りはじめた。終ると唐さんはまたしばられ、列にもどされた。

長江（揚子江）の川岸に着くと、行列は到着順にすわらされた。ところどころにアシのはえた湿地であった。もう夕暮れになっていた。曇っているので一層暗かった。ここが目的地であることを知って、唐さんもまわりの捕虜たちも集団虐殺は決定的だと思った。長江の岸辺には2隻の軍艦がいて、甲板に機関銃なども見える。暗くなるにつれて軍艦から探照灯が現場をてらしだした。

行列の全体が到着し終っても、中国語による何らかの説明はきかなかった。唐さんのいる周辺でひそかにひもをほどく助けあいが始まった。はじめの人が歯で前の人のうしろ手をほどくと、ほどかれた人は手で別の人をほどく。唐さんのひもは手でほどかれた。このあたりは集団のほぼ中央だったので、日本兵の気づきにくい場所だった。

どういうつもりか、兵隊たちが枯草をまわりの立木などにひっかけはじめた。到着して1時間くらいたつと思われるころ、この枯草に一斉に点火された。ガソリンか石油でもかけられていたのかどうか分らないが、よく燃えあがって明るくなった。一斉射撃が開始されたのはそのときである。どの方向から何丁の機関銃などで撃ってきたのか知るよしもなく、唐広普さんも唐鶴程も、すわっている姿勢から反射的に地面にはいつくばった。二人は肩をくんでいた。

一斉射撃が始まった直後は、銃声のほかはほとんど叫び声などきこえなかった。もがき苦しむ者が唐広普さんの背に倒れてくる。何人もが折重なった。

10分か15分か、唐さんにはたいへん長い時間と思われる一斉射撃がいったん止《や》んだ。とたんに、それまで轟音でかき消されていた群衆の声、地をゆるがすような大喚声が沸《わ》きおこった。それは呻《うめ》き声とも泣き声ともつかぬものだった。どうなったのか見まわすことはできなかったが、自分がまだ生きていることは確かだ。肩をくんで這いつくばっていた康鶴程の耳もとに、小声で「大丈夫か？」と唐広普さんがささやくと、「うん。痛みはない。大丈夫」という答えがあった。

たぶん4～5分ほどのち、一斉射撃が再開された。ほとんど同時に、唐広普さんは右肩に打撃を感じた。このとき弾丸が命中して貫通したのだが、すぐには痛みを覚えなかった。肩にできた2つの穴からあとで考えてみると、これは川岸の軍艦の上から発射された角度による弾丸が命中したものらしい。

二度目の掃射が終ったとき、康鶴程にまた小声でささやきかけたが、こんどは返事がなかった。左手でそっと彼の身体をなでると、頭が血にまみれている。もう死んでいた。康鶴程の死を知ったとき、はじめて自分の肩の痛みを覚えた。この段階になってもまだ呻き声や叫び声が各所から聞こえていた。すると銃剣をかざした兵隊たちが大勢で射殺してまわった。唐さんの周辺にも兵隊はやってきた。左の脇腹をやられた。さいわい他の死体の下にいたせいか浅い傷だったので、刺された瞬間は気づかないほどだった。肩の傷の痛みが激しいせいもある。あとで川にはいったとき水がしみて気づいた。

呻き声などがきこえなくなるころ、兵隊たちは群衆の死体からまわりに引き揚げ、軍艦からの探照灯が消えた。暗くなった。これで軍艦は去ったらしい。おそらく20分ほどのち、まだざわついている周辺からガソリンのような匂いがした。しかしそれが死体への放火のためだと気づいたのは、点火されて各所に焔が燃えあがった瞬間だった。猛烈な煙も発生して、呼吸が困難になるほどだ。このままでは焼き殺されてしまうので、唐さんは這ったままの姿勢で少しずつ移動した。頭の方（前方）は死体の層が高くて進めないので、足の方へとあとじさりにいざった。それは川岸の方向だった。兵隊たちはまだ去っていないので、火に耐えきれずに逃げ出す者は刺殺される。見つからぬようにと死体の間や上を這って、40〜50メートル離れた汀《みぎわ》までたどりついた。死体は川岸までぎっしり地をおおっていた。煙と火からようやく逃れた唐さんは、ここで足を死体の上にのせ、頭を水すれすれ、たぶん水まで3センチあるかないかの格好で、したがって上体がやや逆立ちぎみになったまま動かないでいた。

曇っている空は暗く、ときに小雪もちらつく夜だった。寒いので兵隊たちも火にあたっているらしい。やがて呼笛の音がした。集合の号令である。時間はよくわからないが、午前零時ころだったかもしれない。川とは反対の方にざわめきながら集まっていった。

岸辺には枯れたアシが生えていた。唐さんはひそかに水にはいり、ひざから腰ほどの深さの水中を、下流の方（東）へと岸ぞいに歩いた。何百メートルか水中を歩いたが、空腹と傷の痛みに耐えがたく、アシの生える岸辺にあがった。そのままこんどは陸上を岸ぞいに4〜5華里ほど歩き、あるレンガ焼き窯〈注4〉をみつけて、その中にかくれた。窯のなかで居眠りするうちに、心身とも疲れはてていた唐さんは、そのまま深い眠りにおちこんでいった。

目ざめたときは朝の10時ごろであった。なにか川を渡るものがないかと岸辺に出てみたとき、沖の方から小舟が近づいてきた。日本兵かその関係者かもしれないので、あわてて窯にもどってかくれた。そっとのぞいていると、小舟は日の丸を立てていて、接岸すると老人と若者が上陸してきた。もし窯に来て見つかっては危ないので、唐さんはこの周辺にも散らばっていた死体の間に寝て、死体のふりをしていた。二人はそばを通りかかり、この地方の中国語を話していた。これなら大丈夫とみて、唐さんは救いを求めた。老人に何度もおじぎをして助けを乞い、虐殺の様子と肩の負傷を説明した。

この二人は長江対岸の南の方にある八卦州の農民であった。牛を飼うために稲ワラの束をここへ運びに来たのである。唐さんの話に老人は同情し、舟にのせてくれることになった。負傷はもう大したものではなくなっていたので、舟までのワラ運びを唐さんも手伝った。近くに積んであったワラの束を両手に下げて、4回くらい往き来した。舟底に横になった唐さんを、二人はワラで覆《おお》ってかくしてくれた。

こうして虐殺現場から逃れた唐広普さんは、江蘇省六合県の竹鎮という所へ行って、乞食になった。あのような皆殺し現場から脱走できた者は、おそらく自分以外にはいないだろうと思っていた。半年ほど過ぎた一九三八年夏のある日、竹鎮の知合いの店主が唐さんを呼んで「このお客さんの広東語を通訳してくれ」といった。店に来ていた若い男客がここの言葉を話せず、店主は唐さんが広東語を解することを知っていたからである。紹介されたその客は、竹鎮の郊外から買い物に来たのだった。

このときの通訳がきっかけで、その「楚」姓の男客と唐さんは親しくなった。あるとき二人はたがいに身の上を語り、楚の過去を知るうちに、彼もまたかの長江の虐殺現場からの脱走者であることがわかった。しかし楚の場合は、ガソリンの放火で背中に大火傷を負いながらの脱走である。その大火傷の跡が残る背中を見せてくれた。

1年ほどのちに、楚は新四軍（八路軍とともに人民解放軍の前身）に入隊する決意をかため、竹鎮を去った。唐さんは餞別に鉛筆と手帳を贈った。楚の消息はそれ以来わからない。彼の半年後に唐さんも新四軍に加わった。

〈追記〉唐さんの話の中で、日付けや時間については、大騒乱のなかでのことでもあり、多少のずれがあるかもしれない、と当人が語っている。

〈注１〉教導総隊　陸軍士官学校の生徒らが戦闘訓練などをするとき、指導官見習いとしての生徒らに「指揮される側」として存在する訓練用部隊。
〈注２〉藤原彰・一橋大教授によれば、国民党軍の一団は師団下の連隊にあたり、一団は１０００人前後。
〈注３〉老虎山　長江ぞいのこの丘陵は、長江側から見ても「老虎」らしさはないが、南京城北東郊外の玄武湖公園あたりから見ると、いかにも虎の頭部のようなかたちをしている。
〈注４〉レンガ焼き窯　レンガをドーム型に積みあげた、高さ3～4メートルの窯。

〈第二刷追記〉本書67ページの「追記」で「この間の事情はまだよくわからない」と書いた虐殺者数のくいちがい（３２８人か６００人か）について、のちに下里正樹氏がルポ『隠された聯隊史』（青木書店・一九八七年）の１１５～１１８ページで明らかにしている。つまり３２８人は敗残兵だが、あと約３００人は一般市民であった。手記の字体を否定した板倉氏には個人的事情がからんでいた。
（洞富雄・藤原彰・本多勝一＝編『南京事件を考える』大月書店・一九八七年）

『世界最悪の旅』日本語版の新訳完成

読者にお伝えしたい出来事があったので、「俺と写真」を休載し、ほぼ4年ぶりとなる「貧困なる精神」で紹介したい。

世界の諸言語の中で日本語に訳されている文献は、古典から現代文まで膨大な量になろうが、理科系の手引き書とか古典的文学作品の類は別として、いわば〝普通〟の「本」で日本語に全訳されている例は、案外すくないのではなかろうか。

ここでとりあげるチェリー＝ギャラードの著書『THE WORST JOURNEY IN THE WORDS』（By Apsley Cherry-Garrard）にしても、日本語版全訳『世界最悪の旅』（中田修訳、オセアニア出版社、税別７０００円）は今年の1月15日刊行だが、原書（英語版）が出たのは１９２２年2月12日だから、こんどの全訳日本語版発行はその95年後ということになる（注）。

そして、二段組み７６０頁にもなるこの古典的大著の翻訳書が、今年の初めに中田修

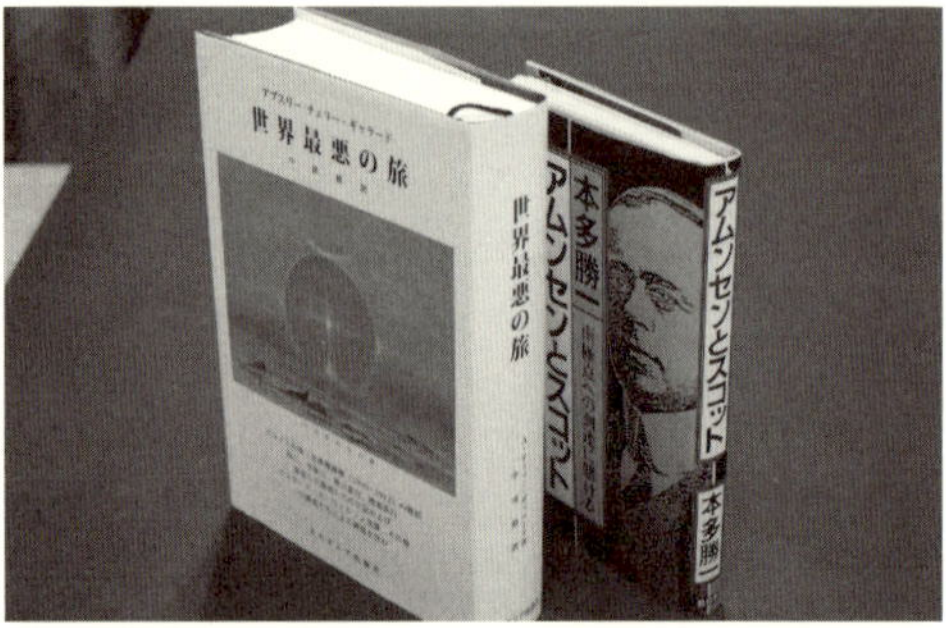

今年1月に刊行された中田修氏の『世界最悪の旅』（左）と俺の『アムンセンとスコット』。（撮影／編集部）

氏ご自身から新刊書として送られてきたとき、私は快挙に感激してすぐ中田氏に電話したものだが、まもなく同氏からこんなハガキがとどいた——

「お電話を有難うございました。うれしくてのぼせ上がり、わけのわからないことを言っていたようで失礼いたしました。原著に近い本をという小生の希望から、出版社と印刷所がはりきってくれて、よい本になりました。部数は五〇〇部です。次には少し手頃な安価な本にして、広く読んでもらえるようにできたらと思っております。」

中田氏は1929年生まれで、本多の2年先輩にあたる。『アムンセンとスコット——南極点への到達に賭ける』（教育社・1986年）は、私にとっては新聞記者になって以来はじめての書きおろし単行本だが、その「あとがき」の一部に次のような記述がある。

〈アムンセンとスコットというたいへん異なる個性が演じた「史上最大のレース」について、同時進行的に検証する方法を試みました。これまでどちらかというとスコット隊の悲劇があまねく知られ、しかも同情的・浪漫的に理解され、他方ではアムンセン隊がどのように成功したかが具体的には知られていなかった傾向があります。何よりの証拠に、人類として南極点に初到達したアムンセンの遠征記『南極』が、いまだかつて一度も日本語に全訳されていないのです（部分訳や抄訳はあったが）。一方、スコット隊の記録にしても、第三者（支援隊員）のチェリー＝ギャラードによる分析の書『世界最悪の旅』は加納一郎氏による全訳があるものの、かんじんのスコット自身の長大な行動日誌はまったく訳されていません。つまり世界的古典としての両雄の原著作を、日本語で読むことは今だにできないのであります。これでは両隊についての日本での認識が浅いのも、むしろ当然と言えましょう。〉

あらためて、中田修氏による大労作たるこの「全訳」の成果を祝いたいと存じます。

〈注〉『世界最悪の旅』の日本語訳は、古い例としては加納一郎（故人）の訳書（1944年、朋文堂）があり、朝日文庫版（1993年）にもなっているが、実質的な意味では「訳されていないところがときどきある」（訳者あとがき）など、厳密には「全訳」とは申しにくいと思われる。日本語の「本」としては、このたび刊行された中田修・訳が真の全訳と考えられよう。

（『週刊金曜日』二〇一七年2月10日）

『臨界幻想２０１１』とムラサキツユクサ

劇作家・演出家として知られる〈ふじたあさや〉氏作・演出の『臨界幻想２０１１』を青年劇場（新宿）へ見に行った。学生時代からの親友でつい去年の秋に亡くなった市川定夫君のことが、この舞台の冒頭に出てくるのだ。それは次のように始まる。――

舞台の一部に映像が照らし出される。ムラサキツユクサの花。そして、舞台の片隅に、松永（劇団員）が浮かびあがる。（中略）

松永　この花……ムラサキツユクサといいます。（中略）なぜか放射能に敏感でして、微量の放射線を受けても雄しべの毛に突然変異を起こします。青い雄しべの毛の細胞の中に、突然ピンク色の細胞が出現するんです。しかもいつ放射線の影響を受けたかまで知ることができるんだそうです。……ということをのべた京大の市川先生の論文を読んだ静岡県立相良高校の永田先生は、浜岡原発の近くにこの花を植えて、観察してみることにしました。結果は上々で、……（以下略）

市川君とは遺伝学教室で一緒だったが、私が探検に熱中してヒンズークシ奥地をめざしたのに対し、彼は遺伝学のいわば正統をすすめて、ブルックヘブン国立研究所研究員の後で京大助手・埼玉大学助教授をへて同教授になっていた。遺伝学教室がある京大農林生物学科の現役三回生は、女性一人を含む六人だけだった。私などは異端児として新聞記者になってしまったけれど、市川君はムラサキツユクサによる微量放射線の遺伝学的研究で国際的に注目され、専門書のほかに『新公害原論――遺伝学的視点から』（新評論）そのほか一般書も多い。

市川君は科学技術にともなう問題点を生物学的観点から鋭く追究する論客の一人だったので、体制側の学者やマスメディアから睨《にら》まれてもいた。しかし個人的には楽しくかつ畏敬《いけい》する友人だったから、結婚披露宴なんかで愉快な祝辞を述べてくれたりもした。もう二〇年以上前になるが、筑紫哲也氏と共に能登半島周辺へ講演会講師として行ったとき、たまたま反核関係の講師で来ていた市川君と会った。市川君との直接の邂逅《かいこう》はこれが最後だったかもしれない。死の前に難病で何年か苦しんだようだが、それまでは日本原水禁の議長をつとめた。

『臨界幻想2011』の観客用舞台紹介パンフ表紙には、幻想的な絵の右下隅に、そのムラサキツユクサの花がそえられている。亡き市川君を思いださざるをえなかった。

（『週刊金曜日』二〇一二年8月31日）

写真集『ベトナム解放戦争』の刊行に際して

一九七五年4月30日のサイゴン陥落・全土解放につづいて、一九七六年7月3日、ベトナムは正式に南北統一を完成し、ベトナム社会主義共和国として生まれかわりました。フランスの軍艦が一八五八年にダナンを砲撃してベトナム侵略を開始して以来、じつに118年ぶりに民族の悲願を実現させたのです。それはしかし、真の独立をとりもどしただけではありません。その過程で社会主義革命を達成し、かつアメリカ帝国主義という現代における地上最大の超軍事国家を敗退させることによって、世界の歴史を大きく転進させせました。

同時代の歴史としてのベトナム戦争

人類の歴史は、巨視的にみれば確かに進歩を重ねてきましたが、不幸なことにかなりの部分で「正義は必ず勝つ」とは限りませんでした。あまりにも巨大な不正・非道が勝った例も決して珍しくありません。けれども、ベトナムが世界の全帝国主義勢力と対決したこの30年間は、おそらく人類史にかつてないほどハッキリしたかたちで、正義が不正に完勝しました。しかもそれは、かつてなく大規模な国際連帯をも示して、世界の全反動陣営と全民主陣営との対決となったのです。その結果、史上最大最強の帝国主義による侵略が、私たちの眼前で、アジアの一小国における民族の命運を賭した抵抗戦争によって、見事に挫折・敗退してゆきました。この勝利は、ですから同時に当のアメリカ合州国内での民主勢力の勝利、あるいは日本国内の民主勢力の勝利であり、したがって世界の反動勢力の敗北とも重なります。この意味するところはまことに大きく、世界史の上でもロシア革命・中国革命以上の広く深い影響を投げかけたものとして、今後の人類社会にしるされることでしょう。明らかにそれは、20世紀後半の歴史における巨大な転換点でした。

この戦争と日本とのかかわりについていえば、安保条約で合州国の鎖につながれている自民党政権は、西側諸国の中でも特別に熱心に、合州国のベトナム侵略を支持してきました。にもかかわらず、世論は終始圧倒的にこれに対して批判的だったのです。ベトナムを議題とする反戦集会はいたるところ熱気を帯びた民衆であふれ、怒りと抗議の輪は広がる一方でした。多くのジャーナリストがベトナムに記者生命を賭し、生涯の方向をベトナムのために変えてしまった例も珍しくありません。「ベトナム人民支援日本委員会」からは11回にわたる支援船が、全国からの寄金による支援物資を積んでベトナムへ向かいました。

第二次大戦中は日本軍も占領して、その末期に一説では200万人にも及ぶといわれる餓死者を出す原因になったベトナム。そのベトナムで行なわれた苦難の解放戦争は、私たちがベトナム人民を「支援」したよりももっとはるかに大きな力で、ベトナム人民が私たちの民主勢力を支援したのだと思います。

第二次大戦をはるかに上回る規模と年月で戦われたこの戦争が終わって、人間の偉大さ・美しさを民族全体で具現したベトナム人たちは、荒廃した祖国の再建にいま全力をあげています。去年（一九七五年）の夏、全土解放後のベトナムを取材した石川文洋氏と私は、ハノイの対外文化連絡委員会のグエン＝クイ＝クイ氏と共に全ベトナムを縦断旅行しながら話し合ううちに、思えば当たり前なことに改めて気付きました。日本ではもちろん、世界にあれほど広く報道されたベトナム戦争のさまざまな記録写真を、ベトナム人自身がほとんど見ていないのです。たとえば有名なソンミ事件の写真を報じた雑誌さえ、当のソンミ村（ティンケー村）の人々が目にしたのは去年の解放後でした。ソンミ村以外の全土の人々は、今なおほとんど見ていないでしょう。これは次のような背景によるものです。

解放以前の南ベトナムで、サイゴンその他のチュー政権支配下の人々が最も知りたがったことは何かといいますと、それはベトナムの北半分（北ベトナム）および南ベトナム解放区の同胞についてでした。それらの様子については、厳重な報道管制下にあったので、ゲリラ的情報活動でしか伝わってきません。同じ南ベトナムで米兵が農民にひどいことをしている写真など、とうてい見ることはできませんでした。北ベトナムの様子を報じた日本のグラフ雑誌の写真などをサイゴンに持っていくと、人々は夢中になって見つめたものです。

他方、北ベトナムの人々はどうだったか。米軍と激しく戦う自分たちの様子はいくら写真にとることができても、米軍側の実態を実際に撮影することはできません。まして南ベトナムにおける米軍の残虐行為や民衆の悲劇の写真報道など思いもよりませんでした。しかも同じ北ベトナムの一般的情況さえ、民衆の間にカメラが普及していないことや、自国のカメラマンが最前線に集中しがちなことなどから、写真は案外残されていません。ですから北ベトナムの取材に行ったジャーナリストなどが現地で写真を見せると、いつも黒山の人だかりになりました。とくに南ベトナムでの米軍の様子は異様なまでの注目を集め、その行為に怒りを新たにしていました。

今、こうして歴史的戦争が終わったとき、ベトナムの現体制側が考えている重大関心事のひとつは、この民族的体験と教訓をいかにして子々孫々まで伝えていくかという点です。北ベトナムを旅行しますと、フランス軍の作ったトーチカがよく目につきます。子孫への教訓として、こわさないで残してあるのです。そのような意味で、抗米戦争中の報道写真がまことに大きな意義を持つのも当然でありましょう。

報道写真家・石川文洋氏は、この戦争で米軍が介入しはじめた初期からベトナム報道にたずさわり、以来去年の解放後の取材にいたるまで十余年、延々と写真によるルポをつづけてきました。第二次大戦中の日本で唯一の地上戦が行なわれた沖縄、その沖縄出身の石川氏は、ベトナムにさまざまな意味で文字通り生命を賭するに至ったようです。サイゴン政府軍への従軍から始まって、南ベトナム各地の米軍の最前線ばかり次々と従軍をつづけ、さらにラオスやカンボジア戦線、そして北爆下の北ベトナム、17度線を北から越えての「南」解放区というように、重大な局面はすべて取材してきました。ベトナムにかかわった世界のカメラマンの中で、石川氏のように南北両ベトナムにわたる最前線で、長期間にわたって仕事をつづけた例は尠《すく》ないようです。沢田教一氏そのほか、この戦争では日本人ジャーナリスト十余人が犠牲になりました。石川氏が生き残ったのは少ない確率による結果だったといえましょう。

そのような石川氏による報道写真は、日本国内はもとより、諸外国においてもベトナム戦争の実相を強烈に訴え、この侵略戦争を止めさせるための世論に大きな影響を及ぼしてきました。ベトナム全土解放と南北統一が成った今、彼の写した膨大なフィルムは、さきに述べたような意味で新たな役割を果たすことになります。すなわち、世界の歴史を変えたこの戦争の写真記録を、こんどは主役のベトナム人自身のために提供することです。民族の遺産として各県の図書館に、否、できれば各村・各部落単位の図書室や学校に贈ることができたら、どんなにかすばらしいことでしょう。

取材を終わって帰国するに際し、これまで何回にもわたってベトナム報道に協力してくれた対外文化連絡委員会（対文連）に対して、ジャーナリストとしてベトナム再建に協力できる方法を、私たちは相談しました。その結果まとまったのが、この「ベトナム語版写真集」の発想であります。

運動の経過

このような目的で作る写真集ですから、できるだけ堅牢で大型の、カラーを主とした厚いものでなければなりません。製作費は数千万円に及ぶでしょうから、個人の力では限界がありますし、商業出版ベースにベトナム語版がのるわけもありません。最初あてにしたのはベトナム人民支援委員会です。対文連からも支援委員会あてに協力を求める手紙が寄せられました。ところが、全土解放が終わって半年たった支援委員会には、すでに資金的余裕がなくなっていたのです。急な用立てに備えて残してあった分は、ハノイから要請された新年用のカレンダー作りにまわされ、大量のカレンダーを航空便で送ったため、ほとんど底をついていました。しかも募金の動きは、全土解放でベトナム問題が一段落したことによって急速に鈍っています。

さまざまな案が出ました。まず中国やソ連に交渉して、中国語版やロシア語版を発注してもらい、その余剰金でベトナム語版を作るとか、新たに募金のキャンペーンをはろうとか。しかし、外国政府に依存するような他力本願の運動では頼りないし、まるごと寄付する形の募金も「ベトナム」ではもう限界ではないかと、かなり悲観的な見方が支配的でした。事実もそのとおりだったと思われます。

結局、やはり他力本願はやめて、自分たちの力、すなわち日本人民の力――大衆運動に訴えるべきではないかと、アイデア捜しもいったん振り出しにもどりました。そこで「日本語版を作って、その余剰金でベトナム語版を作ったら」という案を出したのが、支援委員会常任幹事の吉田嘉清氏でした。この案の問題点は、日本語版をどれだけの人々が買ってくれるか予想しにくいことにあります。その危険度を予測することは、まことに困難です。しかし、ともかくこれを何とかやってみる以外に名案はありません。結論として、次のような運動方法をとることになりました。

ベトナム語版をあるていど生みだすための日本語版の採算点を求め、その部数をめざして予約を訴える。もし訴えが失敗して採算点の部数に到らなければ、刊行不能として予約者にハガキで知らせる。さいわい採算点に達したら、刊行準備にとりかかると同時に送金もお願いする。……

採算点は、印刷会社の見積りを検討した結果、『アサヒグラフ』大で300ページ1万3000円として、1500部に一応の目安を置きました。会名を「ベトナムに写真集を贈る運動」とし、統一戦線的に幅広く運動をすすめるべく、代表はフリーのジャーナリスト・松浦総三氏に引き受けていただきました。事務局長は市民運動のベテラン・峯村泰光氏です。パンフレットも5000部用意しました。こうして最初の訴えを出したのが、月刊誌『潮』で私が当時定期的に書いていたコラム「貧困なる精神」（一九七六年8月号）です。すぐにつづけて、やはり月刊誌『市民』8月号（終刊号）でも協力を呼びかけました。

たいへん喜ばしいことに反応はただちに現れて、これだけでも約300部の申し込みがありました。その多くは『潮』の読者だったようです。『朝日新聞』8月6日付紙面でも記事が出ましたが、これは関東の周辺部に限られていたせいもあって、反響は少ないようでした。そして、一挙に1000部まで予約数をのばしたのが、8月3日の日刊紙『しんぶん赤旗』文化欄に寄せた呼びかけ文です。ここにいたって私たちは大いに勇気づけられ、さらに強力なキャンペーンを始めました。「平和と労働会館」の事務局では専任の係として岩淵禎子氏が会計やカード整理などに当たり、支援委員会からは吉田氏のほか沼倉暁氏と金子徳好氏が加わりました。峯村氏の寿美子夫人をはじめ運動に家族ぐるみ加わった例も多いようです。石川文洋氏は、出身地・沖縄のマスコミとして『沖縄タイムス』『琉球新報』及び月刊誌『青い海』などの協力を得たり、日本テレビで訴えたり。9月18日には『朝日新聞』投書欄での金子徳好氏の呼びかけと、『しんぶん赤旗』文化面での私の「運動の中間報告」とが出たほか、人民支援委員会で独自に配布したパンフや、『平和新聞』『婦人民主新聞』『機関紙と宣伝』でも紹介され、さらにTBSテレビの番組「ニュースデスク」が扱うなどするうち、9月末には予約が2500部に達しました。もう大丈夫です。

写真編集は石川氏自身と杉田禮三氏を中心に進行し、送金依頼のハガキが出され、関

北ベトナムのファン＝ヴァン＝ドン首相（中央）をインタビューする本多勝一（左)。右は石川文洋氏。(ハノイ　1972年　提供／石川文洋)

係各氏への原稿依頼や、ファン＝ヴァン＝ドン首相に序文をお願いする交渉などもすすめられました。こうして運動にハズミがつくと、話題が話題を呼び、『朝日新聞』10月4日社会面記事をはじめ、『社会新報』（10月31日）『総評新聞』（10月22日）『赤旗・日曜版』（11月14日）『日本とベトナム』（10月5日）などのほか、共同通信社も斎藤茂男氏の努力で地方紙に流すなどして、予約は11月下旬までギリギリのばした締め切りまでに実に4000部を突破しました。これは驚くべきことです。対文連のブー＝クォック＝ウイ委員長代理からも感謝の手紙が寄せられました。

こうして大成功をおさめたこの運動の本当の功労者は誰かと申しますと、その回答は予約してきた方々の手紙やハガキが雄弁に物語っています。1万3000円という高価な本にもかかわらず、予約者すなわち運動参加者の中には、金持ちや高給重役がほとんどいません。大多数を占めるのは勤労青年であり、看護婦であり、小商店主であり、農民であり、ヒラ社員であり、下級公務員であり、主婦であり、小・中学校の先生であり、夜間学生であり……要するに文字通りの人民大衆が乏しい財布をはたいて運動に加わった結果なのです。これらの人々こそが、この運動の真の主人公といえましょう。ベトナム戦争は、やはり日本でも「生きた歴史」として大衆の中に確実に根づいているという感を深めました。たくさんのお便りの中から、ほんの二、三だけ紹介してみます。

「私たちは29歳と26歳の共に働く夫婦ですが、ベトナムの国とそこで不屈の闘いを続けてきた人々にたいし、心の底からの尊敬と友情の気持を抱いており、折にふれて親しみを込めて語り合ってきたものです。１９７５年はベトナム全土解放の年、そしてその夏に私たちにとって初めての子供が生まれました。私たちは人民解放の歴史の流れを肌身に感じ、その大きなうねりの中で、個人のささやかな人生の節もそこに重ねて喜び合うことができ、その意味でも忘れることのできない年となりました。きょう１９７６年８月４日、その息子創《ソウ》は一歳になりました。私達はこの日を記念して、息子の名前でこの運動への参加申込み書を書くことに決めました。もちろん、ベトナムの人々へのお祝いの気持と真心をこめて。そして写真集は大切に保存し、息子に語り伝えたいと思います。」

（千葉県　川村正俊・仁子両氏）

また、ある大会社の労組委員長をしていて解雇処分をうけた安藤洋氏（横浜）は、７年間の裁判闘争中、「ベトナム人民の不屈の闘いがどれほど私の支えになったことか」と訴え、写真集が完成して手元に送られてきたらそのトビラを開いて「私を支えてくれた人々の闘い」と書き、最後のページには「１９７６年○月○日、一足遅れて私も勝利した」と書きつけるのを楽しみにしているとのことです。

運動を呼びかけた側として特に嬉しかったのは、周囲にも知らせて多数の予約者を連鎖的にまとめて下さった熱心な方々です。たとえば東京の山県敏子氏からは、何回にもわたって予約者氏名を書き連ねた手紙が送られてきました。また、東京都足立区教職員組合の嶋圭氏は知人の教師たちに呼びかけ、ひとりで202名の賛同者をまとめました。嶋氏は組合書記で機関紙の編集をしています。

予約を募る運動にとりくんだ人の中には労働組合機関紙の編集者も目立ちました。機関紙連合通信の諫早氏、食品労連の及川氏、埼玉土建労組の石塚氏、郡山市職労の森氏らは、みな組合新聞の活動家ですが、それぞれ10名ほどの友人たちを説得してくれました。長野県の米山村夫氏のように、ガリ刷りで手製のビラを別に作り、知人に配って独特な方法で予約を集めた例もあります。

そのほか友人に呼びかけて2部・3部とまとめて下さった人々は、草鹿平三郎氏など数百人にもなりましょう。「1万3000円の本は買えないけど、運動の資金にして……」と1000円送ってこられた身体障害者の方もいます。藤井康男氏（東京）のように、個人で50万円ぶんの予約を協力してくれた例もありました。

このような熱意に支えられて目標を大幅に超えたため、運動委員会は当初の計画を変更して、余裕のできた資金でさらに写真集を充実することを決めました。すなわちカラー300ページ、白黒120～150ページ、年表その他も含めると合計500ページ近い大冊にして、名実ともに世界最大のベトナム戦争写真集としたのです。これは一般の出版社ベースであれば3万円前後の定価になるでしょうから、1万3000円は相対的に安く、運動参加者にこの点でも報いることができたと存じます。

ベトナム語版は2000部以上製作して、4月30日の全土解放記念日にまにあうよう、船で積み出します。この大冊が2000部というと、4トントラック3台分です。「名もなく貧しい」人々によって大きな成果をおさめたこの運動は、日本とベトナム両国人民の友情を末ながく記念するものとなりましょう。

石川文洋氏について

北欧の人々は、日常的に少ない陽光をいとしんで、よく日光浴する風景を写真などで見ます。それは生理的にも意味のあることです。反対に、たとえばアラビア半島の人々は、強烈すぎる太陽を避けるため、ほとんど全身を白衣で包んでいます。これもまた、生理的に必要なことです。

アラビア半島ほどではないにせよ、ベトナムもまた南国の太陽の国ですから、陽光は人体に必要な量よりも過剰であります。したがってベトナム人たちは直射日光を忌み嫌う習慣がかなり強く、これまた生理的に理由のあることです。私が従軍したある戦場でのこと。米軍に焼き払われた村から着のみ着のままで逃げだした主婦が、悲しみに耐えがたく、道ばたで泣きだしました。彼女の赤ん坊は、そのとき弟の少年が抱いていましたが、少年もまた声をあげて泣きだした。すると主婦は泣きながらも赤ん坊を気づかって「日陰にはいりな！」と、厳しい口調で弟に一声命令しました。少年は木陰に走りこんで、改めてまた泣いたものです。

報道写真家の石川文洋氏に私が初めて会ったのは、10年前の朝日新聞サイゴン支局でした。まだ少年の面影を残す石川氏の顔が、異様に黒く日にやけていたことが印象にあります。共にサイゴンの町などを歩くようになって、その理由がわかりました。地元のベトナム人たちさえ避けている南国の強い日光を、彼は帽子もかぶらず、短い髪のままで、きわめて平然と、浴びっぱなしで歩いているのです。これは大変な男だ、かなわんぞ――と、私はひそかに舌を巻いた覚えがあります。この調子で長い従軍生活をつづけていたら、異様なまでに黒くなるはずだ。

その後、彼とよく屋台店などへいっては、ベトナムのビールとともにさまざまなベトナム料理を食べながら語るようになりました。サイゴンにいる日本人は、一般的にフランス料理や中華料理などのレストランに行くことが多く、ベトナム料理の場合でも、庶民のあまり行かない「高級レストラン」にはいる傾向があります。しかしベトナム料理は、庶民的なところのほうがいろいろ豊富で、味もいいし、値段だって安い。「高級レストラン」のベトナム料理は、ベトナム的な匂いや味が骨抜きにされていて、外国人（とくに欧米人）の口にあわせたようなところがあります。石川氏も私も、食物はすっかり「ベトナム化」していたので、好んで場末の安い店や屋台に行きました。

こうして友人となるにつれ、私は石川氏から多くのことを学んだようです。私などよりも従軍歴のはるかに長くかつ多い彼から、戦場取材の上でさまざまな示唆を得たことはもちろんですが、そうした直接的なことでなく、もっと深くて、大切なことも学んだように思われます。何度となく死線を越えてきながら、誠実で、ひかえ目な石川氏の言行は、強い説得力を持っていました。

もともと石川氏は、ベトナム戦争の歴史的意味といったものに動かされ、使命感に燃えてベトナムの土を踏んだわけではありません。彼がさきに刊行した写真集『戦争と民衆』（朝日新聞社）は、日本を含む世界中でおびただしく出されたベトナム戦争の写真集の中にあって、群を抜いた、おそらく最高のものだろうと思いますが、そこに書かれている文章にあるように、石川氏が日本を出たのは、働きながら長くかかって世界一周しようと考えたのが動機でした。訪ねようとした国々の中には、ベトナムの計画が含まれていなかったようです。

まず香港でアメリカ人経営のスタジオに勤めて、コマーシャルを含むドキュメンタリー＝フィルムの制作をやっていました。日本にいたときニュース映画社で働いていましたから、その体験を生かしてのことです。ところが一九六四年8月2日、今ではアメリカ合州国政府のデッチあげ「事件」として知られるトンキン湾事件、つまり米軍による大々的な本格介入となりました。急遽スタジオから派遣されて、その4日後にサイゴンへ飛んだのが、石川氏のベトナム第一歩です。

その後、ニューヨークの教育テレビの仕事をうけおって再度ベトナムに行きますが、そのころから石川氏は、「戦争の背景にある民衆の生活を知りたい。単独でベトナムの戦場の取材がどこまでやれるか、自分の力をたしかめてみたい」と考え、フリーになってとびこみます。

以来、石川氏は最前線の危険な従軍を延々とつづけました。それがどんなものかは、前述の写真集に見られる通りですが、文《もん》なしのフリーの悲しさ、良い写真は外国通信社に売るときネガごと買いとられてしまいます。こうしたたくさんのネガが彼の手もとにあれば、写真集はなおも数段すばらしいものになっただろうにと、残念でなりません。一九七〇年には、さらにカンボジアやラオスの戦線にまで出かけていきます。北べトナムには一九七二年に、日本の一般紙カメラマンとしては初めてはいりました。以後一九七三年に北ベトナムと「南」の解放区クァンチ省、そして一九七五年の全土解放後の南ベトナムとつづきます。

石川氏と話したり、あるいは彼の文章や写真を見たりしていると、世界史の流れを変えたこの戦争を取材するうちに、彼自身が次第に目覚め、ことの本質にせまってゆく過程がよくわかります。なんとなく世界一周するつもりだった石川氏が、ベトナムにふみとどまってしまうところなど、エドガー＝スノーが中国革命の報道にかかわる動機とよく似ていて、なにか嬉しくなるような話です。そして、ベトナムにかかわって3年たらずのころ書かれた彼の文章の中に、たとえば次のような言葉をみるようになります。

「ベトナムの農民は、この戦争の大きな被害者である。しかし、政府軍に召集されて銃を持ち、戦いを強要されて、また自分も傷ついていく私のまわりの兵士たちを、農民を攻撃する加害者だといって憎む気にはなれなかった。むしろ彼らも被害者であると思った。加害者はもっと大きなところにあるのだ。しかし、それらをフィルムに収めた場合、農民を拷問する政府軍であり、ニワトリを盗む政府軍であり、フィルムには加害者としての彼らがとらえられる。あとでそうしたフィルムを整理しながら、どうしたら戦争の底にあるものを表現できるだろうかとたびたび考えるときがあった」（石川文洋『ベトナム

最前線』読売新聞社）

先日、小田実氏と久しぶりに会って飲む機会があり、そのときも話題になったのですが、同じベトナム戦争を取材しながら、ある人々はむしろ合州国側の喜ぶような、侵略を結果的に擁護するような人間へと変ってゆき、別の人々は、反対にベトナムの抗米救国戦を痛いほどに認識して、ヒトラー以上の虐殺者となったニクソンと合州国の本質を憎むようになる。この違いはどこからくるのでしょうか。人それぞれに事情があるのでしょうが、石川氏の場合、沖縄出身ということが後者のタイプへと成長していった背景の重要なひとつではないかと思います。といいますのは、彼自身の文章に次のような言葉があるからです。

「ベトナム戦争に対する考え方にしても、日本本土と沖縄とではかなり違っている。私は東京でベトナムの話をする時にいつも失望を感じるのだ。人々は新聞やテレビ等の報道によって、ベトナム戦争の動きをかなり知ってはいるが、それははるか海の向こうの問題としてしか受け取ることができない。たしかに、海をへだてている日本にとっては、陸続きであるタイ、ラオス、カンボジアの国々が持つベトナム戦争への感覚とは違うはずであろう。だが、同じ海をへだてている沖縄の人々は、それを本土よりもっと身近なものとして真剣に考えている。その理由は二つある。一つは、第二次世界大戦の経験から、自分たちと同じように、地上戦で巻きこまれたベトナムの民衆の悲劇を体で理解できるからである。燃える家、防空壕の中でふるえる農民、銃弾で傷ついた肉親にとりすがって泣いている子どもたち――こうしたベトナム戦争の写真を見る時、沖縄の人々は心から同情をするが、それは彼らが第二次世界大戦で受けた経験を通してベトナムの人々の苦しみを、自分たちの身に置きかえることができるからである。戦争を知らない戦後の青少年も、彼らの周辺にあるそうした空気を肌で受けついでいるから、戦前派と同じような気持を持つことができるのだ。さらにもう一つの理由は、沖縄の基地の動きによってベトナム戦争の動きを察知することができるからである」（『朝日ソノラマ』一九六九年5月号）

侵略者の地上軍によって全土を蹂躙《じゅうりん》され、いや、味方のハズだった「皇軍」にさえも殺され、つづく異民族支配にあえぎ、今なお米軍の巨大な基地がある沖縄。そうした背景を持つ人々の中から、石川氏のような例が出ることは、むしろ当たり前かもしれません。これに反して、本土の「やまとんちゅう」の中には、あのヒトラー以上の組織的大虐殺を終始熱烈に支持してきた自民党政権の擁護者たちが、なんと多いことでしょう。

私はしかし、サイゴンではよく彼と会っていても、南ベトナムで共に従軍するチャンスは一度もありませんでした。むしろ、死んだ嶋元啓三郎氏とか、やはり死んだ沢田教一氏とか、これまた死んだ峯弘道氏といったカメラマンのほうが、戦場や米軍の前線基地で一緒だったことがあります。（北ベトナムで知りあった柳沢武司氏もカンボジアで亡くなりました。）次々と死んでしまったこうした〝戦友〟たちのことを考えると、かれら以上に恐るべき従軍をつづけてきた石川氏が、よくこれまで無事だったと、感無量です。実際、こうした人々は兵隊よりも死ぬ可能性が高い。1人の米兵が、ベトナムにいる1年間に出くわす「死線をこえる」ような作戦は、それほど多いものではありません。ところが石川氏らのような場合は、激しい作戦のあるところを積極的に選んで次々と移ってゆくのですから、死ぬ確率が高くなるのも当然です。

そのような石川氏と、北ベトナムや解放ベトナムの取材を過去3回にわたって共にすることができました。写真の腕前と、確かな視点についてはよく知っていましたが、改めて知らされたのは、彼の精力的な取材ぶりです。実によく動き、あきれるほど大量のフィルムをとりまくる。羽田を出るとき、膨大なフィルムにびっくりしたものですが、なるほどこれでは必要なはずです。取材先で話をきくようなとき、私がきいていると彼は二人で同じことに時間が食われるのを少しでも惜しんで、周辺の可能なものを片っ端からとりまくるのでした。

この写真集は、いうまでもなくベトナム人民に贈るために製作されました。石川文洋氏の写真を全面的に使ったのは、彼の作品が最もこの目的にふさわしかったからですが、結果として同時にこれが「石川文洋写真集」であることも事実であります。石川氏という一人の報道写真家の視点がとらえたベトナム解放戦争の全貌です、文字通りのライフ＝ワークでしょう、歴史に残るようなすぐれた記録を残した石川文洋氏の紹介に、こうしてかなりの紙面をさいたゆえんです。

おわりに、石川氏が朝日新聞社出版局写真部に就職してからとった写真について、同出版局が運動に賛意を表して版権を無料として下さったことに深く感謝いたします。

（一九七六年11月22日　新潟県守門村にて）

〈追記〉 一九七八年の暮れ、すなわちサイゴン陥落から3年半ほどすぎたころ、インドシナ情勢は重大な新局面にはいります。ポル・ポト政権下のカンボジア崩壊、反ポル＝ポト軍＝ベトナム軍によるほぼ全カンボジアの制圧と新政権樹立、さらにつづく中国軍のベトナム侵入による中越戦争勃発です。あまりの急変に、ベトナム戦争当時の日本の熱気はシラけてしまい、反動側はここぞとばかり「アメリカが正しかったのだ」とはやしたてました。けれども、ベトナム戦争が示した世界史での巨大な意味に何の変りもなければ、アメリカが果してきた恐るべき新植民地主義政策としての本質が変ったわけでもありません。アフガニスタンでのソ連軍進駐などで社会主義国も大きな失点を重ねていますが、戦後の再建にとりかかろうとしたベトナムにとって、こうした情況は想像を絶するきびしいものとなりました。一部では「第三次インドシナ戦争」といわれているように、インドシナをめぐる国際環境は依然として波瀾含みのまま進行中です（一九八〇年現在）。

石川文洋氏は、このような流れの中にも精力的に取材活動をつづけます。一九七八年春にはカンボジア国境のベトナム側で、主としてポル＝ポト軍によるベトナム領侵犯地域やベトナム農民虐殺の現場を訪ね歩き、あくる一九七九年春には新政権誕生直後のカンボジアで、旧政権による虐殺・処刑の暗黒政治のあとや、中越戦争の現場を取材しました。

想えば、一九六四年に石川氏が初めてベトナムの土を踏んでからすでに16年。解放戦線とサイゴン政府軍の戦闘に、サイゴン側から従軍取材をはじめて今日にいたるまで、石川氏はこの延々たる大戦争の重要な局面はすべて記録してきたと申せます。この戦争にかかわった報道写真関係者は世界に何百人、いや、たぶん千の単位でいることでしょう。けれども、ここまで徹底して現代史の証言者としての姿勢を貫いた例は、まことに稀有――というより、ほとんど唯一かと思われます。彼以前の世代で比肩すべき報道写真家としては、ハンガリー生まれのかのキャパ（ロバート）の名を挙げることができるくらいでしょうか。さまざまなカメラマンが「日本のキャパ」といった呼び方をされてきましたが、本当にそれに匹敵する人といえば、やはり石川氏を措《お》いては考えにくいのです。石川氏であれば「日本の」といった留保条件なしに、報道写真の先駆者キャパを受け継いだ人と、世界に向かって臆することなく語れるのではないか。そのキャパがベトナムで地雷にふれて死んだのは一九五四年の5月、ジュネーブ協定を直前にして第一次インドシナ戦争（抗仏戦）が終ろうとするときでした。石川氏はそれからちょうど10年後、第二次インドシナ戦争（抗米戦）のベトナムへ踏み込んだことになります。

今や石川氏も42歳、正に働きざかりの世代を迎えました。「奇蹟的」ともいえる経過や事態によって死地をせっかく何度も脱してきたのですから、今後の活躍をますます期待するのは当然としても、どうか命は大切にして、若死にの点だけはキャパ（享年41）をひき継がないで下さい。

一九八〇年5月11日（北海道・帯広にて）

その後、日本語版を入手しそびれた人たちから再刊をのぞむ声が多かったのと、ベトナム全土で予想以上の大反響を呼んだためベトナム語版も再刊の要望が強かったのとで、石川氏のその後の取材も加えた増補版の再刊運動をすることになりました。その結果、一九八〇年の春に日本語版の予約1100部を得て、新ベトナム語版350部を製作、ハノイへ送り出す作業にはいった次第です。

この再刊をもって運動は最終的に完了しましたが、せっかく版を作ったのと、日本語版を入手したい人が今後もぽつぽつあると考えられたため、委員会はこれの一般市販を出版社にひきついでもらうことになりました。当初から委員に加わって献身的協力を惜しまれなかった「すずさわ書店」の峯村泰光氏の希望で、ひきつぐ出版社は同書店と決まり、こうして一般書刊行の運びとなったわけです。一般市販書となった段階からは、運動による写真集としての性格は変更され、石川文洋氏の著書となりました。

石川文洋『写真記録ベトナム戦争』すずさわ書店

（一九八〇年、「ベトナムに写真集を贈る運動委員会・企画」）

この本ができるまで

この本が一般書のかたちで刊行されるまでの「いきさつ」に、かんたんながら触れておかなければなりません。

ベトナム戦争の世界史に果した役割についてはいまさら申上げるまでもありませんが、私たちが戦後のベトナムを取材するうちに気付いたことのひとつは、そのような役割の主人公たる当のベトナム人自身が、意外にも戦争中の記録写真をあまり見ていないことでした。これは実は当然であって、旧南ベトナムでは報道管制下のために、また旧北ベトナムでは西側の刊行物が入手できないために、そのようなことになっていたわけです。そこで石川氏と私はハノイ当局と相談の上、ベトナム語版の大写真集を刊行することを思いつきました。しかしこれは、もちろんよく売れるものではありませんから、引受ける出版社もなければ、ハノイ当局に買いとる余裕があるはずもありません。さまざまな曲折を経た上、ベトナム人民支援委員会の吉田嘉清氏らのアイデアで、日本語版を刊行することによってベトナム語版を作りだす大衆運動に訴えることになりました。つまり、日本語版を一定部数（この場合1500部）作るだけ予約があれば、その余剰分で同じ版からベトナム語版を安く製作できます。こうして松浦総三氏を代表に、八人から成る「ベ

サイゴンの下宿でくつろぐ石川文洋氏（1967 年　提供／石川文洋）

トナムに写真集を贈る運動委員会」（岩淵禎子、金子徳好、沼倉暁、峯村泰光、吉田嘉清の各氏および石川氏と私）が発足、事務局を「平和と労働会館」（東京・新橋）において各方面へ協力をお願いしました。

さいわい運動は大きな成功をおさめ、目標を大幅にこえて四千数百人の予約がありました。おかげで当初よりもページをふやした上、ベトナム語版を２０００部も製作して送り出すことができたのです。１９７８年2月末にハノイでその贈呈式が行なわれました。

その後、日本語版を入手しそびれた人たちから再刊をのぞむ声が多かったのと、ベトナム全土で予想以上の大反響を呼んだためベトナム語版も再刊の要望が強かったのとで、石川氏のその後の取材も加えた増補版の再刊運動をすることになりました。その結果、１９８０年の春に日本語版の予約１１００部を得て、新ベトナム語版３５０部を製作、ハノイへ送り出した次第です。

この再刊をもって運動は最終的に完了しました。以後一般市販書となった段階からは、運動による写真集としての性格は変更され、石川文洋氏の著書となりました。

（１９８０年5月）

〈追記〉 １９８０年に増補版が出てから十数年の歳月が過ぎ、サイゴンで初めて会ったころは「まだ少年の面影を残」していた石川文洋氏も、すでに白髪姿の50歳代後半となりました。もちろん年齢の割に若々しく、写真家としての活躍のほかに今や〝小説家〟として沖縄の新聞に、しかも恋愛小説を連載しています。この間、石川氏はベトナムやカンボジアはもちろん、戦火のボスニア・ヘルツェゴビナにも赴きました。そして去年（１９９５）は、ベトナム戦争終結20周年と同時に、ベトナム独立50周年でもあります。石川氏はその双方の式典なども取材し、ここにベトナム現代史を飾る大団円の写真を収録する記念碑的な増補決定版が刊行された次第です。この決定版のベトナム語版刊行も検討されています。

１９９６年３月24日、岩手山にて

（石川文洋『写真記録ベトナム戦争』一九九六年４月30日KK金曜日発行）

戦場の村「ブニョー」での出来ごと

ベトナム戦争中の農山村で、ごく普通にあったことの一断面を紹介したい。場所はサイゴン北方のカンボジアに近い山岳地帯、フォクロン省のブニョー村。その解放区内のブニョー部落に、戦後そのままベトナムに住みつき、ベトナム人と結婚して農園をいとなむ加藤庄次郎さん（北海道出身、一九一七年生まれ）がいた。一九六七年のテト休戦中に私はここを訪ねて、解放戦線兵士らと会った。以下はそのとき加藤さんから取材した記事である。

加藤さんの家は道路に面しているが、農園にかこまれた一軒家である。約1キロ離れて北東に、200戸ほどのベトナム人部落（この場合は「キン」即ち山岳民族ではない狭義のベトナム人）がある。この部落が、200戸からついに1戸きりになるまで爆撃され、ほとんど壊滅した過程は次のとおりであった。

ここには村長も住んでいて、ブニョー村のセンターともいうべき部落であった。悪名高い「戦略村計画」によって、竹矢来《たけやらい》の中に集められた部落の一つである。一九六五年の6月はじめ、ここにも解放戦線軍の勢力が及んだ。まず先兵が現れて、サイゴン政権のかいらいとみられた村長が銃殺刑になる。次いで主力部隊が現れ、竹矢来を破壊して「戦略村」を解放した。

たちまち米軍機の攻撃目標になった。部落に解放軍がいようといまいと、民家そのものが爆撃の対象である。2回にわたる爆撃で、部落はほぼ完全に焼失した。もちろん防空壕の用意があったので、さいわい死傷者はほとんどなかった。この部落はそれまで、ゴム園やコーヒー園などプランテーションの労働者や、竹採取、トウづる採取、小売商などを生業《なりわい》とする人々が多かったが、これで四散して多くはフォクビンに、一部は他部落やサイゴンに移った。わずかに3軒だけが残っていた。

私がこの村を訪ねる30日ほど前、この3軒にも最後の攻撃が加えられた。無差別攻撃で、この3軒のうち2軒がロケット弾でふきとばされ、1軒はバルカン砲掃射で屋根が穴だらけとなった。これが加藤さんの家だ。家の中にあったザルが「ザルのようにされた」と、加藤さんは笑いながら話した。死傷者はなかったが、ふきとばされた2軒は移住した。こうして「ザルのようになった」家が1軒きりとなった。加藤夫婦が2人だけで住んでいる。意地でも動かんと言っている。

加藤さんの家の屋根をぶち抜いて機銃掃射され、ザルのようになったザル。下はその薬きょう。（筆者撮影）

加藤さんの家のトタン屋根には、普通の機関銃弾による穴もあけられている。私が訪ねる7カ月ほど前（一九六六年6月）、上空を通過した3機のヘリコプターのうち1機がいきなり襲った結果である。怒った加藤さんは、フォクビン省庁へ行って抗議した。副省長は「ベトコンがとびだすかどうか、テストしただけです」と答えた。加藤さんは、副省長が米軍に「やってみる」ことを依頼したのではないかと疑っている。

しかしその後、メコン＝デルタの解放区で生活した私の経験では、米軍のヘリコプターがいきなり乱射することなど少しも珍しい事《こと》ではなかった。アメリカ兵にとってベトナム人などは昆虫なのだ。同じアジア人としての日本人をアメリカ兵が昆虫と思わない証拠は全くない。ともかく加藤さんは「テストとして」銃撃されたことを知り、一層怒っている。

それから3カ月ほど過ぎた8月のある日のことである。そのとき解放軍の主力部隊は、村にいなかった。夜明けの、まだ薄暗い時間に、突然政府軍がブニョー村に侵入した。100人余りの中隊だった。この省の地方軍らしいベトナム人（キン）とクメールの混成部隊だが、アメリカ人も2人加わっていた。ドン＝ソアイの方角から来たようだ。

政府軍は1軒1軒調べながら、目ぼしいものを略奪して歩いた。加藤さんの家も、夫人の首飾り、腕時計、計算機などのほか九官鳥まで強奪された。兵隊が鳥カゴを持ち去るとき、九官鳥は習い覚えた言葉を繰り返していた。——「オン・カトー、オン・カトー（加藤さん、加藤さん）！」

加藤さんも「ベトコン容疑者」として連行されることになり、後ろ手にしばられた。政府軍は午前4時ごろまで村にいて略奪をつづけたのち、迎えに来た米軍のヘリコプター群で引き揚げた。同時に加藤さんも連れ去った。夫人は加藤さんが殺されるかも知れないと思った。

この部隊には、ブニョー村の「亡命村長」ともいうべき男がついていた。解放区をもしサイゴン政府側が制圧した場合には現れて、政府側としての村長に就任する「予定」の人物である。この男が加藤さんを尋問したとき、所持金2000ドン（約5000円）を奪った。政府軍の作戦が、そのまま民家からの略奪を意味することは常識だが、このようにアメリカ人の加わっている部隊でもそれは同じである。

加藤さんはのちに釈放されたが、略奪された品物も2000ドンも、すべて戻らなかった。もちろん九官鳥も帰ってこなかった。

〈追記〉 加藤さんはその後ここで死亡した。このような米軍機の爆撃で殺されたと伝えられているが、詳細はわからない。

『ベトナム戦争の記録』（大月書店・一九八八年）

Ⅲ　人口減少風景の中で

「日本百名山」と「メダカ社会」の共鳴現象

「新風社文庫」に〈シリーズ日本の危機〉があり、その一冊として加藤久晴氏の『続・傷だらけの百名山』が出ている（二〇〇五年刊）。「解説」は私（本多）が担当したのだが、現在これを見ると、問題は「山」とか「登山家」の次元よりも深く、本質的に地球や日本の現在にかかわると思われるので、あらためて本書で収録することにした。

＊

加藤久晴氏の文庫版『続・傷だらけの百名山』は、「正篇」では野口健氏が適切な解説を書かれ、かつ尊敬すべき実行者であることも示されていますので、続篇としての本書ではそもそもの元たる『日本百名山』の著者・深田久弥氏（一九〇三—一九七一）について述べることにします。

正篇の「まえがき」で加藤久晴氏は書かれました——「『百の頂きに百の喜びあり』と書いたのは『日本百名山』の著者・深田久弥氏であるが、それから幾星霜、現在の日本の山の状況を知ったなら、深田氏は『百の頂きに百の怒りあり』と書くのではなかろうか。」

　これは、私も全くこの通りと思います。ところで深田氏は、もし生きていたらその「百の怒り」が、まさに深田氏当人の招いた結果であることに気付くでしょうか。仮定の設問ですから正解はないものの、生前の深田氏と一定の親交があった者の一人として想像すれば、たぶん気付くでしょう。気付いて後悔するかもしれませんが、後悔を公言するかどうかは想像が難しい。

　深田氏当人の招いた結果とする意味は、日本の多くの山々の中から「名山」として「百」を選んだこと自体に問題の根源があるということです。実際問題として、100番目と選にもれた101番目の間にどういう意味があるのでしょうか。この点はもちろん深田氏も認識していますから、初版（新潮社版・一九六四年）での「後記」に次のように書かれました――

「最初に私は百名山候補のリストを作って、その中から選択していった。七十パーセントくらいは問題なく通過したが、あとは及第すれすれで、それを篩《ふるい》にかけなければならぬのは、愛する教え子を落第させる試験官の辛さに似ていた。」

　そんなに辛いことなら、しなければいいではありませんか。だれか編集者にでも強引に頼まれた仕事かもしれないとも思いましたが、「後記」に次のようにも書かれているのですから、これはやはり深田氏自身の発想でしょう――

「わが国の目ぼしい山にすべて登り、その中から百名山を選んでみようと思いついたのは、戦争前のことであった。その頃ある山岳雑誌に『日本百名山』と題して二十五座ぐらいまで連載したが、雑誌が廃刊になったのでそれきりでやんだ。しかし、私は山に関しては執念深いから、戦後再び志を継いで、還暦の年にそれを完成した。」

還暦の年とは一九六三年にあたりますが、想えばその2年前の一九六一年8月、札幌の『朝日新聞』北海道支社にいた私は深田さんと会って、北海道版夕刊のコラムにその談話を書いています〈注1〉。深田さんは望月達夫・山川勇一郎両氏と共に日高のトムラウシに登った帰りでした。深田氏宅には私は学生時代から訪ねて交流がありましたから、このとき以前にも札幌に来られたときは必ずお会いしており、志げ子夫人と二人でのこともありました。深田氏は当時3年計画で北海道の山をやろうとして、その3年目がトムラウシ、それ以前の2年で利尻・斜里・阿寒・羅臼・大雪・シリベシを登っておられます。これは、「百名山」のためだったのでしょうが、そのことを私が当時知っていたかどうかは記憶にありません。

想えばなつかしいことです。東京・世田谷にある深田氏のお宅は、私の信州・飯田中学時代以来の親友の自宅近くにあり、学生時代に京都から訪ねたときなどにも寄りやすいところでした。深田氏が郷里に戦後ひきこもったのち、53歳のとき東京に出てきて世田谷区の松原に住むようになった一九五五年8月は、私が京大探検部の学生探検隊として、パキスタンの奥地へ出かける一九五六年の前年に当たります〈注2〉。あくる一九五七年にもつづく地域へ登山と調査に行き、その翌年（一九五八年）の秋には『朝日新聞社』に入社しているので、深田氏宅を何回か訪ねたのはこの3年間のうちでしょう。入社してからも何回か訪ねたことがあります。

深田氏邸を訪ねると、どんなときでも深田氏は笑顔で歓待してくれたし、志げ子夫人も実に気さくに対応して下さいました。のちに『朝日』から『深田久弥・山の文学全集』全12巻（一九七四年）が刊行されたとき、その巻末で12回にわたって「深田久弥・人と作品」を連載された近藤信行氏も、深田氏のことを「人から愛され慕われる、おおらかな人間味をそなえていた。」(第4回)と評しておられるように、山好きな者なら無名の若僧であれ初対面であれだれでも歓迎してくれました。

そのような深田氏と初めてマスメディアの場で語って活字になったのは、一九六三年1月の、あの「歴史的」とも言える冬山大遭難、薬師岳における愛知大学山岳部13人全員死亡事件を取材したときです。国内におけるひとつの登山隊としては空前絶後の犠牲者数でした。このとき私はヘリコプターで太郎小屋に着陸し、全員絶望の第一報を『朝日新聞』に送ったのです。これを機に『スポーツマガジン』同年3月号で「大学山岳部にもの申す」と題し、加藤泰安・羽田英治両氏とともに深田氏が加わって4人の座談会が開かれました〈注3〉。私が札幌から東京へ転勤になって半年後にあたり、深田氏59歳のときです。

たぶん同じころと思うのですが、深田氏が毎週だったかラジオで自分の番組をもっていたことがあります。そこでも一度呼ばれて、遭難にからんだ対談をしたのですが、録音されていないので詳細は分かりません。そんなとき思ったのは、深田さんは雑談や放送などではかなり厳しい口調で批判や非難をするけれど、活字で残るものではあまり激しくない傾向があることでした。やはり私なんかより慎重だったのです。

その後の私は、「極限の民族」取材からさらにベトナム戦争や南京大虐殺などの取材に時間と精力をとられ、山から遠ざかっていたために深田氏とお会いする機会も尠《すく》なくなっていましたから、50歳に達した一九八二年の秋から登山を再開したときは、深田氏が亡くなってすでに11年後になっていました。一度深田氏とも山行を共にしてみたいと思っていたので、68歳の早すぎる死、当人もかつて「長生きするのだ」「私にはその確信がある」と書いていて無念に違いない死は、私にとっても実に残念でした。

さて『日本百名山』ですが、これについては16年前（一九八九年）に「中高年登山者たちのためにあえて深田版『日本百名山』を酷評する」と題してすでに論じたことがあり、文庫版にも収録されている〈注4〉ので、ここではその中で次のように述べた部分についてのみ、さらに突込んで考えてみます。

「深田さんの『日本百名山』が実体以上の流行現象をひきおこしたのは、数えきれぬ日本のいい山の中から強引に『一〇〇個』で線を引いて隔離してしまった着想《アイデア》によると思われます。」

この着想は、前述のように戦前からのものですから、以後何十年をへて死ぬまで、深田氏はこの「一〇〇」で線を引くことそのものへの疑問は抱かなかったわけです。「愛する教え子を落第させる試験官の辛さ」とまで書きながら、しかし根本的な疑問にはついに到らなかった。加藤久晴氏が本書で告発しているような状況を〝あの世〟で知れば「百の怒り」を覚えるとしても、かつまたその原因が自分にあることに気付いたとしても、それとは次元の異る意味で、深田氏はこの線引き自体への疑問は抱かない、というより抱けない、あえて言えば「抱く能力がなかった」のではありませんか。

これには深田氏の生いたちや経歴も関係する可能性があると思われますものの、そこまで広げてもこの短文では意を尽くせないので、「可能性」の指摘にとどめましょう。さきに「落第させる試験官の辛さ」という表現を引用しましたが、ここにはいわば〝受験勉強〟的発想がみられる。この線引きは、たとえばヒマラヤの８０００メートル級十数座とか、日本アルプスの３０００メートル級十余座といった場合とは本質的に異なるものです。

百山で線引きすることは、前述のような辛さはもちろんとしても、なぜ「１００」なのでしょうか。なぜ10でも１０００でもなくて１００なのか。

それは、選ぶにせよ書くにせよ登るにせよ、これが〝手頃〟だからです。辛さを言いだせば、10であれ１０００であれ変りはありません。10番目と11番目の差、１０００番目と１００１番目の差、そんなものが無意味な点は「１００」の場合と同じです。しかし登るにはもちろん、選んだり書いたりという実際面で考えるとき、10ではすぐ終ってしまうし、１０００では多すぎて途中で人生の方が終ってしまうかもしれません。１００ならちょうどいいし、1冊の本としても出しやすいではありませんか。

つまり、１００という数字、十進法という人間の作ったモノサシ、十二進法や二十進法や二進法といったさまざまな中でのひとつ、まずこれが先にあって、それに山の数を合わせたわけです。大自然としての山よりも、人工的所産としての数字が先にありました。

さらにいえば、桑原武夫の『文学入門』（岩波新書）には付録として「世界近代小説五十選」があり、学生のころこれをほとんど片端から読んだものですが、この「50」はなぜ選ばれたのか。それは優れた文学、立派な名作と認められたからです。逆から言えば、くだらぬ駄作は認めないということであり、これは明らかにランクづけであります。それはまた差別化でもある。しかし、山について同じことが許されるのでしょうか。山をランクづけ・差別化するのは文字どおりの冒瀆《ぼうとく》になるのではありませんか。「私が好きな山」ならまだしも、深田氏個人が「名山」として100個選ぶ、という一種の権威づけの匂いも感じるのです。

こうした背景があっての百山選択であれば、いくつかの〝日本的〟な側面を拾い出せましょうが、とりわけ指摘したいのは、かねてから「メダカ社会」と私が表現してきた権威に弱い体制順応あるいはヒツジ型ともいうべき性格との共鳴です。これが実は、正確な意味で「科学的」根拠にもとづく性格であることを、最近の論文が明らかにしています。これについてはすでに書いたことがあるので〈注5〉、ここではごく一部だけ引用しておきましょう。

「……セロトニン輸送体の遺伝子の多型で、白人では積極性を示すL型のホモが多いのに対して、日本人では消極性を示すS型が大部分だという事実である。従って日本人には、個人の意志にもとづいた行動変容は難しいが、周囲の多くの人が行なえば横並びの集団

依存性で容易に行動を変えることができるのである。」（香川靖雄『生活習慣病を防ぐ』＝岩波新書）

結局は日本人の7割近くが消極性を示す遺伝子の保有者だそうです。全く別の場に、慶應義塾大学医学部・大野裕講師による「〈みんなで勝つ〉遺伝子――日本7割で米国の2割」という解説もあります（『ＡＥＲＡ』二〇〇二年1月28日号）。

その結果、すなわち「日本百名山」と「メダカ社会」とが共鳴した結果、この１００個の山にばかり登りたがる「7割」の人口からの出身者が集中するに到りました。その荒廃ぶりは本書にみるとおりです。この点についてはもうこれ以上の解説はいりますまい。あとは残り「3割」がこれにどう立ち向かうか。先の拙文から引用すれば――

「ヒツジ型人間などどうせ何もしないのですから無視して、実行力のある少数が……（中略）ヒツジ人間たちは今度はそれに靡《なび》くことでしょう。」

『日本百名山』に関しては、だから私は最も基本のところで高い評価ができないのであります。しかし、深田久弥という人物そのものを評価しないのではありません。そこは誤解しないでいただきたい。個人的にはある種恩人ともいえます。それではどこを評価すべきか。

山の紀行文に高い評価ができないことは、前述の拙文「中高年登山者たちのためにあえて深田版『日本百名山』を酷評する」で論じたとおりですが、深田氏の山に関する全仕事を通じての傑作はどれかといえば、やはり文献による調査に力を入れたものになります。それらの中で一番の力作・傑作は、やはり『ヒマラヤの高峰』全5巻（雪華社・一九六五年）でしょう。その第1巻を私も深田氏からサイン入りでいただきました。これは、『深田久弥・山の文学全集』（一九七四〜七五年・朝日新聞社・全12巻）の中では第7〜9巻の3冊に収録されています。これが深田氏の代表作であることは、近藤信行氏もその巻末で詳細に論じておられるとおりです。

ついでながら、私が学生時代に書いた処女作『知られざるヒマラヤ』（一九五八年・角川書店＝著作集版では『ヒンズーラージ探検記』）は、深田氏が『週刊読書人』（同年9月1日号）で書評に取り上げてくださり、「読みだすとやめられない面白い本である」と書きだして、大いに好意的な内容でした。『ヒマラヤの高峰』の別巻写真集では、私の写真「カルタル峰」（未登頂）も出して下さいました。しかも親交のあった深田氏ですから、『日本百名山』に対する私の批判も「あの世の深田さんには片目をつぶってウインクしながら」（朝日文庫版『新版・山を考える』から）書いた次第です。

こうした文献による調査のほかに高く評価すべき評論として、冒険的精神に対する深田氏の深い理解があります。これが直接的に出ている論文に「冒険の精神」があり、

ＮＨＫラジオで私と対談したときも「日本人が冒険にいかに無理解かを唾《つば》をとばして悲《ひ》憤慷慨《ふんこうがい》していた様子が、もう20年ほども前になるのにはっきりと思い出されます」（『朝日ジャーナル』一九八九年10月20日号の拙文＝『新版・山を考える』収録）

ただ、それほど冒険への理解が深かった深田氏にしても、私には不審とも思われることが一点ありました。これは深田氏のほかにもかなり多い現象ですが、あのマロリーの有名な言葉「Because it's there.」（一九二三年3月18日『ニューヨーク・タイムズ』から）の日本語訳です。これを「山があるから」と訳している。一九六三年に新書版（ポケット文春）で初版が出た深田氏の『山があるから』は、私もサイン入りでいただいた本ですが、その「あとがき」が次のように書きだされています――

「一九二四年エヴェレストの頂上へ向ったまま帰らなかったマロリーに、生前ある人が訊いた。『なぜ、あなたはエヴェレストへ登りたいのですか？』彼、答えて曰く。“Because it is there.” 山がそこにあるからです。この短い返事は、その後世界中に拡がった」

これは明らかに誤訳です。「そこにある」のは「山」ではありません。「エヴェレスト」（チョモランマ）であり、より正しくは「未踏峰としてのエヴェレスト」です。原典にあたることを原則としていた深田氏は、この場合はどうだったのでしょうか。しかもこの誤訳を書名にまでした。これは冒険《アドベンチャー》的精神の根幹にかかわる問題です。これでは、未踏峰としての世界最高峰に人類初の足跡をのこす行為と、何千人目（？）だか見当もつかぬ今の槍ヶ岳に登る行為とが同じになってしまいます。（どうしたわけか、この大誤訳は他の有名な登山家にもしばしば見られます。）

しかし、もし生前の深田氏にこの点をただせば、いさぎよく認めて訂正したかもしれません。ついウッカリしていたのでしょう。それにしてはしかし、あまりにも冒険の本質にかかわる問題ですから、あれほど冒険に理解の深かった深田氏が、と不審に思わざるをえなかったわけです。

……という次第で、加藤久晴氏による百名山荒廃の実態ルポも、元はといえばメダカ社会で深田氏が線引きしたことに最大の原因があると解説せざるをえませんでした。この荒廃から百名山を救うには、さしあたり二つが考えられます。

第一は、物理的方法として、自治体が入山制限をきびしく実行すること。かなしい方法だけれど、このさい仕方がないでしょう。これはその気になればすぐにでも可能です。

第二は、日本人の民度が上ること。つまりメダカ的行動を恥じるようになること。時間はかかるでしょうが、不可能とまでは思われません。山の管理にしても、諸外国の国立公園での状況など参考になることが多いはずです。

信州・伊那谷の私のムラでは、赤石山脈（俗称南アルプス）の里山ぞいにある地区の道ばたにこんな立て札があります。

――「自然のままで未来へバトンタッチ！」

二〇〇五年4月

〈注1〉朝日新聞北海道版一九六一年8月17日夕刊コラム「こんにちは・さようなら」でのインタビュー記事。これは「本多勝一集」（朝日新聞社）第7巻『きたぐにの動物たち』（一九九四年）に収録されている。

〈注2〉一九五六年の探検のルポ『知られざるヒマラヤ』（一九五八年・角川書店）は、のちに朝日文庫版で『憧憬のヒマラヤ』（一九八〇年）として再刊され、これには一九五七年の探検記事のほか「ネパールの一人旅」も加えられている。解説は薬師義美氏。また「本多勝一集」では第5巻『ヒンズーラージ探検記』（一九九六年）として、一九五六年と同じ地域を30年ぶりに再訪した記録も収録され、今川好則氏による付録「スワート王国」も加えられた。

〈注3〉この座談会は「本多勝一集」の第8巻『北洋独航船』（一九九四年）に収録されている。

〈注4〉朝日文庫『新版・山を考える』（一九九三年）。初出は『朝日ジャーナル』一九八九年10月6日・同20日両号。

〈注5〉『週刊金曜日』二〇〇四年9月10日号「日本の『メダカ社会』とはヒツジ型遺伝子からか」


（加藤久晴『続・傷だらけの百名山』〈新風社文庫〉解説）

日本における人口減少の〝風景〟

投票率52％前後、戦後最低。

今月14日東京の第47回衆院選で示された結果である。『朝日新聞』はインターネットの記事で、歴史修正主義の傾向が強い安倍政権の長期化が見込まれることから、近隣諸国との関係も緊張を増すと予測して、「中国各紙は安倍晋三首相が安定した政権運営を担うことで、歴史認識の修正や憲法改正に向けた議論が加速され、日中関係への影響が出ることへの懸念を指摘する論調が目立った」と紹介する。

16日の同紙朝刊「安倍政権、その先に」が、署名記事の文末でいわく――「首相は15日の記者会見で『景気回復の暖かい風を全国に届ける』と語ったが、金融緩和や財政出動で解決できない人口減や格差を置き去りにしたままでは、風は届きそうもない」

同日の『東京新聞』朝刊は、安倍政権公約の9条改憲・原発再稼働推進に前向きな勢力が衆院選で議席を減らした記事を一面トップに置いた。

「置き去りにしたまま」という人口減少の〝風景〟は、日本国の面積の割合から見れば圧倒的に多いイナカでこそ切実に感じることができる。私の場合は、日本最高山脈たる南アルプス（赤石山脈）と、その西の中央アルプス（木曽山脈）に囲まれた伊那谷のほぼ中央が実家のあるムラだが、飯田線の駅から東の天龍川の方へ下る約５００メートルの車道が商店街になっている。

いや「なっていた」と過去形にすべきだろう。今この商店街は、古くからあった店が私の帰省するたびに、一つ二つと戸が閉められてゆく。小学校は駅より上の段丘にあるので、私たちが通ったのは商店街を抜ける道だった。今はその道を通学する児童の姿も減った。天龍川から東、赤石山脈の前衛・伊那山脈に、古くから寺や神社と共にあった里山の小学校も、廃校が続くようになった。

人口減少の〝風景〟は、日本の近未来に深刻な状況をもたらさざるを得ないであろう。今の政治情況はそれに全然対応していない。

（『週刊金曜日』二〇一四年12月26日・二〇一五年1月2日合併号）

月面着陸のアームストロング死去に黒人街を想い出す

「人類初の月面着陸をした米国の宇宙飛行士、ニール＝アームストロングさんが25日、死去した。82歳だった。8月上旬に心臓バイパスの手術を受けていた。

オハイオ州生まれ。空軍でパイロットを務めた後、1962年に米航空宇宙局（NASA）の宇宙飛行士に選抜された。69年7月20日、38歳のときにアポロ11号の船長として、人類で初めて月面に降り立ち、『これは一人の人間にとっては小さな一歩だが、人類にとっては大きな飛躍だ』との言葉を残した。」

右は先月27日『朝日新聞』朝刊（見出しは「人類初の月面着陸　アームストロング氏死去」）記事の、冒頭部からの引用である。

人類初の月面着陸となった一九六九年7月20日のそのころ、『朝日新聞』で長編ルポ『アメリカ合州国』（のちの「本多勝一集」第12巻・一九九四年）を連載すべく、私はニューヨークの黒人居住地域・ハーレムに住んでいた。そして月面着陸の4日前、7月16日にアポロ11号が発射されるので、まずその様子を見るべくフロリダ州ケープ＝ケネディーの宇宙センターに行った。記者団のための特設スタンドがあった。以下はそのときの私の記事の引用――

＊

ほとんど絶無に近かったアポロの話題

……成功すれば、ソ連のガガーリンもそうだったように、また「宇宙探検の英雄」として盛大なパレードをもって迎えられるであろう。だが、この「英雄」たちは、「確実な歴史的大事件」の主人公にしては何と空《むな》しい存在であろうか。初の地球一周をめざしたマゼランの船団が出るとき、その主人公としてのマゼランは、完璧《かんぺき》に充実した英雄であり得た。なぜこの三人の宇宙飛行士らは空しいのだろうか。

それは第一に、三人は実は「主人公」ではないのだ。二六六人が五隻の船に分乗して出航したマゼランの船団は、マゼランの並みはずれた主体性なしにはありえなかったし、生存者わずか一八人となった一隻の船が満三年ぶりに一周に成功して帰港するまで、この船団に対して本国も政府も命令する手段は全くなかった。ところがアポロ宇宙船は、三人の「英雄」を地上ですべて操作し、管理している。三人の主体性などは、動物実験におけるイヌやサルと同様に、ほとんどないに等しい。呼吸や脈搏《みゃくはく》はもちろん、オシッコの様子まで地上でわかる。月面に降りるときは、右足が先か、左足が先かまで討議され、決められている。マゼランの船団の、最も役割の小さい一人の水夫でさえも、この三人の宇宙飛行士よりは英雄であり得た。いかに盛大なパレードをニクソン大統領が計画しようと、歴史は三人に対して「適度な判定」を下すであろう。英雄の声価は、日とともに色褪《あ》せるであろう。強いてこの事業における英雄を捜せば、第一はフォン＝ブラウンというロケット男、第二は強引にこの計画を推進させたJ＝F＝ケネディーであろうか。

だが、第二。では、ブラウンやケネディーであれば、英雄として心から拍手を送ることができるのか。回答は、今日の正午ごろここで開かれた黒人の集会とデモが示している。暗殺されたキング師の後継者アパナシー師の率いるＳＣＬＣ（南部キリスト教指導者会議）の約一〇〇人。その「月よりも地上の飢《う》えを」「月よりも戦争中止を」といった要求は、世界の幅広い層においても動かし難い常識となって拡大しつつあるために、この「壮挙」全体がシラけた空気に包まれているのを払拭《ふっしょく》しきれないのだ。（中略）

あくる一七日、またニューヨークに私は戻った。あの打ち上げとその周辺の光景を、実物なりテレビなりで見た者には、全アメリカ人がアポロ11号の大冒険に声援を送っていることは疑問の余地もないように思われる。だが、ハーレムに来てみると、黒人ばかり数十万人が固まって住むこの地域では、事態が全く違うことに驚かされる。アポロを話題にする人などは、ほとんど絶無に近い。アポロ11号が月面に着陸する予定の七月二〇日を翌日にひかえて、レノックス通り一二五丁目付近で街の人々に感想をきいてみる。（中略）

ブラック＝パンサー（黒豹党）の事務所をたずねる。幹部の一人が、「ヘッ。あんなものばかばかしくって。テレビで見たこともありませんよ」と答えたきり、ほとんど話題にもしなかった。

こうした人々は、黒人たちの中でもとくに急進的な層かも知れない。だが、すでに知人となったふつうの黒人家庭の母や娘、あるいは乗り合わせたタクシーの黒人運転手など、あえて敵意はみせない人々でも、無関心であることは明らかだった。少なくとも無関心、でなければ敵意。これがアポロに対する黒人たちの反応といえよう。深い関心と心からの賛意を示す黒人は、少なくとも私の接した範囲では絶無だった。

＊

「地上では何万人もの子どもが飢えている」

いよいよ月面着陸がせまった翌二〇日午後四時近く、やはりレノックス通り一二五丁目交差点付近に行ってみる。着陸三〇分前になっても、何の変化も認められぬ。いつものようにバスが走り、いつものように黒人の雑踏が続く。角のレストランに入ってみる。二十数人の黒人が熱中しているテレビは野球の実況中継だ。背広を着た五〇歳前後の紳士に話を聞いてみる。

「えッ、月に着陸するって？　ああ新聞で読んで知っている。しかし、あの連中は月からまた地上に来ねばならん。政府の政策も上ばかり見ていないで地上に戻ってきてほしいもんだが、ロケットと一緒に上に飛んでいったっきりだよ。地上では何万人もの子どもが飢えているんだ」

着陸数十分前。店主が月面着陸の放送にチャンネルを切り替えた。秒読みをしている。店の戸口から外の交差点をのぞくと、すべては全くいつものように、バスが動き、黒人たちが横断歩道を横切っている。カウンターにいる三〇歳位の男は、ビールを飲みながら相棒に自分の女の悪口を言っている。bitch（メス犬、あばずれ女）といった単語がもれる。

着陸の逆噴射が始まるころ、カウンターの男たち二、三人が
「月へ行こうじゃないか！」

と言い、他の二、三人のグループは舌を鳴らした。その他の客は月と無関係な雑談を続けている。太鼓と笛の音が店の前を通過した。出てみると、昨日あき地でアフリカの太鼓をたたいていた青年たちだ。そこへ買い物袋を抱えて通りかかった四〇歳ぐらいの主婦に質問すると、歩きながら答える――

「よく知らないけど、どうせ男たちがやっているんでしょう？　男はいつも破壊的です。月で大いに破壊活動をやったらいいわ」

レストランでテレビを見ている男たちの雰囲気は、野球見物のときと変わらない。ついに着陸成功。shit!（クソ！）という声。そのとき店にはいってきた四〇歳前後の男が私を見るや、

「おや、お前さんはキューバで会ったことがあるじゃないか？」

と話しかけてきた。私はキューバに行ったことはない。アポロが月に今着陸したところだ、と教えると、彼は、

「クソくらえ。それより腹がへったよ」

と答えて出ていった。店内の客たちも、すべて月と関係ない雑談に戻った。一人

でビールを飲んでいた二〇歳前後の青年に話しかけると、月にいる三人について彼は批評した。

「やつらはあそこにいる。おれはここにいる。関係ないよ。やつらァあそこで勝手にオマンコでもしたらどうだ。……ところでお前さん、麻薬を少し持ってないかね？」

＊

「少なくとも無関心、でなければ敵意」。今からでは43年前（一九六九年）に書かれた右の引用記事中の、アポロ11号に対する黒人たちの反応は、このような実態であった。

その32年後の二〇〇一年に再び渡米して取材したルポ『アメリカは変ったか？』（『週刊金曜日』別冊ブックレット・二〇〇二年）でハーレムの黒人街を再訪したとき、見た目には「きれい」になった町だし、ハーレムに住む非黒人（とくに欧州系）がふえてもいた。ただ問題は、その裏面では刑務所（囚人労働者）がふえたことだった。

このほかの私の渡米は、南京大虐殺問題に関連してほんの数日間、米国西部の都市だけだから、その後のハーレムは見ていない。

（『週刊金曜日』二〇一二年9月28日・10月5日号）

シンポジウムは日本語で「研討会」と表記したい

かねてから私が気になっていた言葉のひとつに「シンポジウム」がある。これは日本でも戦後さかんになった行事のひとつであろう。私の旧制中学一年（日本敗戦の前年）のとき買った『廣辞林』（三省堂）には出ていない。が、その説明を手元の辞書などで見ると――

岩波書店『広辞苑』第三版第一刷（新村出編・一九八三年）＝①討論の一形式。二人またはそれ以上の人が、同一問題の異なった面をあらわすよう講演し、おのおの意見を述べ、聴衆または司会者が質問し、講演者がこれに答えるもの（②は略す）。

講談社『類語大辞典』第三刷（柴田武・山田進編、二〇〇二年）＝ある問題について、複数の講演者がそれぞれ異なった面から意見を述べ、聴衆や司会者の質問に答える形式の討論会▼symposium

三省堂『大辞林』第一刷（松村明編・一九八八年）＝【symposium】〔「共に飲む」意のギ

リシア語から〕＝一つの問題について、数人の人が意見を発表し、それについての聴衆の質問に答える形で行われる検討会。

小学館『大日本百科事典』（第一二版一七刷・一九七六年）＝Symposium 公衆討議の一形式。ギリシア語のシンポシオン Symposion（饗宴《きょうえん》）が語源。古代ギリシアでは、数名程度の小集団の酒宴が盛んで、これに座談や討論が伴った。そのため、後者だけが独立してシンポシオンと呼ばれるに至った。／公衆討議としての現代の用語法では、討議する小集団と、これをきいて討議に参加する公衆との存在が条件である。壇上の討議者は一名の議長と二〜四人の講師である。講師は掲げられた論題に対して、異なった立場を代表する者が選ばれる。しかも、学識経験や発表能力において、ほぼ同等であることが必要である。

（以下略）

平凡社の世界大百科事典（初版・一九七二年四月）＝Symposium 元来ギリシア語のシュンポシア symposia（いっしょに酒をのむこと）、シュンポシオン symposion（饗宴・饗応）からラテン語のシンポジウム symposium になった。この言葉には今日としては根本的に区別される二つの意味がある。①古代ギリシアで食後、音楽や舞踊や談話を楽しんだ態度そのものを意味するか②学問上の討論、すなわち親愛感情のなかである問題を論じあうこと、または雑誌などで、ある問題について幾人かの著者もしくはいくつかの見地が一連

の表現をなすことを意味するかである。前者の意味に始まって後者の意味をもって通用する言葉である。（以下略）

ついでにブリタニカ（Encyclopæ diaBritannica　一九六三年版）を見ると、ギリシア時代の「XENOPHON」の項で詳細な説明があるが、現代の用法には言及がないようだ。

なお小学館版の場合は説明の末尾近くでこう述べている。――「公聴会・政党討論会などはこの形式をとるが、議長のまとめが略されたり、公衆とのやりとりが省略されるので、効果が少ない。」

中国語ではシンポジウムを「研讨会」（研討会に相当）としている。日本語でも「検討会」としている例があるが、実際に行なわれているシンポジウムは、前記の岩波国語辞典や講談社版・三省堂版・小学館版・平凡社版のいずれよりも同類・同傾向の演者によることが多く、したがって大きく異なる（または反対の）演者の登場は稀である。活発な議論となるためには、「検討会」よりも「研討会」のほうが本来の意味をかなり反映しているように思われるので、これを日本語としてもよいのではなかろうか。

だが、ここで考えさせられるのは、前記小学館版の説明の末尾近くだ――「議長のまとめが略されたり、公衆とのやりとりが省略されるので、効果が少ない。」

かつては私も、関心のある分野の研討会にはときどき出席したものだった。しかしこのように「まとめ」や「やりとり」の略されることが多く、とりわけ聴衆との質疑応答のない場合が多いので、次第に出席しなくなった。これでは演者の著書などを読むことと大差がないように思われたのだ、

想えば郷里・信州での私の旧制中学や新制高校時代には、大講堂における講演とか学年なり組《クラス》なりでの講話で、講師への質問を会場から挙手してぶつける生徒がかなりいた。あれは時代のせいか土地柄なのか、今でもそうなのかどうか……。

（『週刊金曜日』二〇一一年9月2日）

止揚《アウフヘーベン》する探検家・梅棹忠夫を論ずる

『朝日ジャーナル』の一九五九年４月26日号に、「冒険的精神」と題する梅棹忠夫の一文がある。探検や登山関係の本巻を理解する上で核心をつくものと思われるし、ごく短い随筆なので以下に全文引用しよう。

＊

わたしは、いままでに何度か探検についての講演をしたことがある。そういうときに、主催者側で用意した演題の掲示に、どういうわけか探検の「検」の字が「険」になっていることがしばしばある。音はおなじだし、字もにているから、まちがったのであろう。

わたしは、内心はどっちだってよいとおもっている。しかし、解説的な講演としては、これはよい話の糸口を提供する。わたしは、タンケンに「険」の字をつかわぬ理由を説明する。「険」は危険の険、冒険の険だ。現代の探検は、純粋に学術的なものであって、単なる冒険的行為ではない、と。

こういう説明をするとき、聴衆の顔にはふかい了解と共感の色があらわれるのを、わたしは観察する。わたしの説明が共感をよびおこすのは、それがある点で、冒険の否定という、日本において一般的に承認されている人生哲学の原則にあうからなのだ。

たしかに、探検は単なる冒険ではない。それは慎重な準備とさまざまな配慮のうえにたってくみあげられた複雑な事業である。それはほんとうだ。しかし、それと同時に、根本において冒険的精神をふくまぬような探検などというものが、意味をもつだろうか。あるいはもっと一般的な人生の問題として、冒険を全面的に否定するようなかんがえかたが、健康さと創造力をもちつづけることができるものだろうか。

おなじ原理が、日本社会のあらゆる場面で作用している。日本の科学界で「銅鉄主義」とよばれるやりかたは、その典型的な一例であるようにおもえる。あるアメリカの科学者がひとつの学説をあみだし、銅を材料にしてその証明に成功した。その成果が報告されるとまもなく、日本では、おなじことを鉄でやってみた論文があらわれるのである。銅で成功したのだから、材料をかえて鉄でやってみても、まるまる失敗する危険性はない。銅と鉄とはおなじではないのだから、とにかくひとつの論文はかける。損はしない。なにごとも安全第一主義である。

しかし、このやりかたでは、最初のあたらしい学説の創造は、絶対にでてこないのだ。なにごとでも、最初にあたらしいことをやってみるには、勇気がいる。それは失敗するかもしれない。それは冒険だ。しかし、その冒険をあえてやらなければ、進歩はないのである。

戦前の人命軽視に対して、戦後は安全第一主義が強調されている。戦前は冒険精神が尊重されていたかというと、そういう事実は全然ない。命令をまもって危険をおかすことはあっても、自発的な意思で、未来に対して自分をかけるということは、日本でははじめからないのだ。

近代日本の文明が、日常生活においておどろくべき成功をみせながら、創造力という点ではやはりよわさをもつ。冒険精神の否定は、日本人の心に巣くう最大の病根のひとつである。あたらしい教育家たちは、この問題をどうかんがえているのだろうか。生産的な冒険精神をやしなうために、なんらかの具体的方策がたてられているのだろうか。

毎年、たくさんのわかものたちが山で死ぬ。なかには、まったくの無知、無能、無策から、あたら青春を山にちらしてしまうものもすくなくない。それでももし、弔辞において死者を美化しなければならぬとしたら、わたしはやはりかれの冒険的精神をとりあげよう。かれは、自分の意思で、自分の計画で山にむかった。かれは失敗した。しかしかれは、創造力の根源はもっていたのである。かれの冒険的精神が、機会をえて、真の創造をおこなうまえにちってしまったことを、わたしはふかくかなしむのである。

＊

日本には、極論的に要約すると次のような伝統的〝差別〟がある。

①冒険などというものは子供の世界のことであって、おとながまともに対象とするのは恥ずべきことだ。探検ならまだしも。

②探検は冒険に近くて一種ヤマ師的であり、宝さがし的なニュアンスもあって、やはりホンモノの学者は少し躊躇する言葉だ。学術探検ならいいが。

③学術探検でも「探検」という言葉がやはり不純なものを覚えさせる。本当に高度な知的行動であれば「学術調査」とか、あるいは「観測」とかのほうが〝立派〟な仕事だ。

つまり冒険より探検のほうがエライし、探検より学術探検のほうがエラく、さらに学術探検より学術調査や「観測」のほうがエライ。ヒマラヤの処女峰登山などは冒険的スポーツなので、全然エラくないのである。

このような馬鹿げた〝差別〟の嘘を見抜き、すべては同じ通態〈注1〉のうちにある現象にすぎないことを簡潔に喝破したのが、梅棹忠夫のこの一文であった。

では、「冒険の否定という、日本において一般的に承認されている人生哲学」（梅棹）がなぜ「原則」になってしまったのか。梅棹自身、「やっぱり江戸幕府体制二五〇年というのがおおきいな。そのあいだにいっさいのそういう冒険というものはきえた」〈注2〉と言っているように、その遠因はまず歴史的環境に求められるであろう。しかし右のような〝差別〟がいまだに現代日本の主流通念となっているのは、この遠因を補強するいくつかの社会的環境があるからにちがいない。

たとえば個性を憎み、周囲と異ることを恐れる画一願望社会。これも根は江戸時代にさかのぼるのであろうが、「メダカ社会」と筆者（本多）の呼ぶこの傾向は、むしろ最近になるほど強くなっている。メダカ社会の反対は個性的あるいは多様な社会であって、それは冒険容認あるいは称賛の社会でもあろう。

また、これとは次元を異にするものの見すごしてはならぬ側面に、言葉にたいする日本人の論理的不徹底さがある。ここに冒険・探検にたいする梅棹の見方が日本でユニークたりうる原因の一つがあるだろう（この場合、論理的不徹底さは日本語そのものにあるのではない。日本語そのものは十分に論理的言語である）。

たとえば「冒険」「探検」「学術調査」「観測」と並べるとき、これらは決して生物分類学用語でいう同じ種《しゅ》なり属なり科なりのレベルではない。つまり「探検」を科とするならば、その下に属として「学術調査」があり、さらにその下に種として「観測」がある、という関係になる。戦後の日本が一九五六年に初めて南極へ遠征隊を送りだしたとき、朝日新聞社内にあった「南極学術探検事務局」という言葉が、文部省に移行したとたん「南極観測統合推進本部」に変更されたことは、探検への差別といったこととは別に、こうした論理的不正確さにおいてもおろかな実例となった。天体望遠鏡による月の観測も、月に人間が直接着陸して探検する行為も、これでは同じになってしまう。

その意味で「冒険」を考えるとき、これはそうした分類上の上下関係とはさらに別次元のものとならざるをえない。すなわち「探検」には冒険的なものとそうでないものがあるし、「学術調査」にも冒険的なそれとそうでないものがある。そして学問であれ登山であれ政治であれ司法であれ、すべての分野に冒険は存在する。山や海での冒険は目に見えるかたちで生命の危険にさらされるので理解されやすいが、体制批判の激しい筆や言説によって生命の危険にさらされたジャーナリストや学者や文人は古今東西に珍しくない。

科学や企業での冒険の意味を的確に語っているのは、探検界における梅棹の「先輩」の一人ともいえる西堀栄三郎〈注3〉であろう。かつて西堀から直接きいて書いた一文から引用する〈注4〉。

＊

なにか「新しいこと」をやる場合、たいていはまず調査し、準備してから、それを本当に「やる」かどうかを決めます。しかし西堀流によれば、これは全く逆だというのです。何が何でも、その新しい計画をまず「やる」ことに決めてしまうのです。調査や準備は、次の問題であります。従って、調査・準備を先にする場合は、その結果によっては計画を中止することがよくあるのに対し、まず「やる」ことを決めてから出発する場合は、調査の結果如何によって中止はしません。調査は「より良く」成功させるための手段であって、「やるか、やらぬか」を判断するものではないのです。なぜか。それは、計画が「新しいこと」だからであります。新しいことは、これまでに全くなかったことです。従って、成功までの過程で何が起こるか見当がつきません。予測しないことが必ず起きる。何が起こるかすべて予測できるようなものは新しいことではあり得ないでしょう。となれば、そんな計測不可能なことのために「準備」するなど、ばかげています。そして、予測しなかったことが起きた場合に発揮されるものこそ、創意工夫なのであります。窮すれば通ずという古い諺があるように、窮しなければなかなか通じません。窮しないうちから通じようと、冒険を避けて小利口に立ちまわっても、しょせん巨大な創造、大きな飛躍は望めないものです。このような考え方を、西堀博士は「探検的方法」と言っています。探検家が前人未到の地域にはいってゆくとき、前途に何が予測できましょうか。臨機応変にその場その場で窮地を脱するための創意工夫を重ねてゆくことしかできません。実効の前の作業仮説がすべてに先行することは当たり前ですが、重要なことは、何よりもまず、その地域に「踏みこむ」ことです。やってみなければわからない。

＊

登山から探検・学問・企業・政治などすべての分野に存在する冒険とは、このように見てくれれば結局は独創とか創造をめざす者、つまり最前線開拓者《パイオニア》のとらざるをえぬ必然的行為であることが理解されよう。『梅棹忠夫著作業』のなかで、ごく初期のものも含めた登山・探検関係の本巻には、こうした意味での梅棹の開拓者精神《フロンティアスピリット》とか創造的仕事、いわばパイオニアリズムとでもいうべき考え方が、比較的ナマの形で出ている。まことに「創造することにより他に喜びはない」（ロマン＝ロラン）のである。

このことは、実は梅棹忠夫の全著作あるいは思想を理解する上で重要な柱のひとつといえるだろう。旧制・第三高等学校の山岳部にいた梅棹は、登山から急速に探検に傾斜してゆく。なぜ山よりも探検なのか。それは、パイオニアリズムに徹した結果、必然的にそうならざるをえなかったのだ。三高山岳部報に発表された「白頭山紀行——まえがき」（本巻収録）に、このことを明確に示す次のような言葉がすでにあらわれている。

*

> われわれは登山にそのよろこびを見いだしたのではなくして、じつは、開拓者としていきることにのみ、真のいきがいをもとめえたのであった。われわれの開拓者精神は、このようなものに満足を見いだすにはあまりにもつよかった。われわれは、なによりも、未知の領域を欲していたのだ。登山態度がどうであれ、内地はしょせん内地である。そこには、ほとんど間然するところのない地図が完成され、案内書が発行されている。未知の土地、原始の土地をもとめる開拓者にとって、それほどつまらないものがあるだろうか。われわれは、なんとしても、原始境をもとめて、内地をはなれなければならなかったのである。内地にだって、原始的な場所がある、などとかんがえること自体が、われわれの開拓者的情熱の程度に対しては、おおきい認識不足であるといわなければならない。（中略）
>
> 三高山岳部の厳たる伝統は、「なによりもまず開拓者たれ！」とよびかけている。

かれらは山岳部員としてよりは、むしろ開拓者としていきねばならない。いや、もっとつきつめていおう。パイオニアとして生きぬくことが不可能となったのは、高校山岳部のみの現象ではなさそうである。かつては、「登山」という行為は、パイオニアにふさわしき仕事として、じゅうぶんな領域を展開しえた。だが、現在では、登山界自身が、パイオニアたるにはふさわしからぬ社会に堕してしまっているのだ。開拓者たらんとねがう者は、山岳部からも、登山界からも、もうはなれなければならない。そしてそれが、けっきょくはわれわれの伝統の忠実なる継承者となることではなかろうか。

これは、われわれ自身がたどってきた道でもあった。われわれは、登山家たるべきか、開拓者として生きぬくのか、の岐路にたって、あえて登山家たることをすてて開拓者への道をとったのである。われわれの情熱は、妥協にあまんずるにはあまりにも強烈であった。（中略）

白頭山行は、あたらしき登山の発足として計画されながら、結果としてはわれわれが登山界をみすてて、探検家としてのその開拓者的生命を発揮してゆく契機をつくったものであった。

*

当時のヒマラヤはまだほとんどが処女峰だったから、もちろん国外には登山界での「未知の領域」があったが、戦争中ではすべて論外だった。その時代の制約下での右の論考は、梅棹のその後の歩みを見事に暗示している、探検から比較文明学へ、文化人類学へ……と〝転戦〟する姿は、こうしたパイオニアリズムの延長線上の、その意味では一貫した思想なのである。

実は、筆者たちが京大の学生のころ「探検部」を日本で初めて創設したとき（一九五六年）、山岳部から分離・独立するかたちになったのも、こうした考え方のアナロジーであった。梅棹の時代とちがって、このときはヒマラヤでさえも「未知の領域」は失われつつあり、最高峰チョモランマ（旧俗名エベレスト）もチョゴリ（同ケイツー）も登頂されていた。そしてこの日本初の学生文化クラブ「探検部」の創設にさいして、理論武装のための強力な援護射撃役をはたしたのが、当時『モゴール族探検記』の舞台から帰国したばかりの梅棹忠夫である。その後おもな大学には続々と探検部ができ、現代日本のさまざまな分野で、このメダカ社会にあって珍しくユニークな活躍をしている人物には、探検部出身者が目立つようになった。

このようにみてくれれば、少年時代の梅棹にとっての登山はパイオニアリズムの生涯の「入口」としての分野であり、スポーツとしての登山とは本質的に異ることも容易にうなずけよう。処女峰でなくなった山に、バリエーション・ルート（別のルート）からのぼる、といった非創造的あるいは「銅鉄主義」的な登山など、梅棹にとっては唾棄すべき行為でしかなかった。

梅棹のこの視点は、したがって書物であれ映画であれそのほかどんな対象であれ、少しでも関連することがあればすぐに喚起されることになる。たとえば「探検記のよみかたについて——『エヴェレスト登頂』と『コンティキ号漂流記』」（本巻収録）のなかで、この映画『超音ジェット機』をひきあいに出して次のように的確な引用ができるのも、この視点が梅棹の血肉となっていればこそであろう。

＊

人類は、政治とか経済とか文化とかいうものとまるきりべつに、なにかこういう奇妙な「課題」をもっているものだ。なんのためということはない、それ自身が目的であるような課題。人類の能力の極限を拡大するためだけに、克服しなければならない課題。課題がはたされたときは、それは人類の栄光である。じつは、かつての、北極・南極への到達も、まさにこういうものではなかったか。映画『超音ジェット機』のなかで、主人公が、なぜ音速をこえなければならないのかと問われたのに対して、つぎのように反問するところがある。

「スコットの南極体験は、なにか目的があったかね」

音速をこえるという仕事も、またおなじ種類の課題であったのだ。

わたしたちは、この『エヴェレスト登頂』をよんで、まず理解しなければならないところのものは、やはり、こういうことであるにちがいない。これは、探検の精神である。

＊

たとえばまた、同じ一文のなかで、『コンティキ号漂流記』を梅棹が「誤訳であるといわねばならない」と次のように鋭く指摘したのも、この視点なればこそであった。

＊

原名は、The KON-TIKI Expedition すなわち、コンティキ遠征隊である。はっきりした目的をもち、それに対して必要なあらゆる手段をつくし、成功の確信をもったところの、近代的な科学探検隊である。なにかの拍子で漂流し、さまざまな事件ののち、偶然にたすけられた、というような漂流記とは、本質的にわけがちがう。そういう単なる受動的な体験談をおもわすような題名のつけかたは、原著者の精神を冒瀆《ぼうとく》するものである。

＊

この指摘を素直にうけとった訳者は、のちに新版ができたとき『コン・ティキ号探検記』と訂正している。そして「科学と探検がこれほどまでにうつくしい統合をした」探検の傑作〈注5〉を、疲れた夜の一ぱいのコーヒーていどにしか評価できぬ日本の読書界を、冒険に対してきわめて高い評価と尊敬をはらう欧米と比較して、「なにか事態が根本的にちがうようである」と、梅棹はほとんど絶望感をただよわせているかにみえる。

たしかに、たとえば登山家にしても、日本では近代アルピニズムがかなり早くに伝わって発展したにもかかわらず、H＝W＝ティルマンのような型の山男は現れなかった。一九三六年という早い時期にナンダ＝デビー（7816メートル）の初登頂をはたし、当時の世界最高峰登頂記録をつくったティルマンは、その2年後にはチョモランマ（旧俗名「エベレスト」）の偵察もしているが、ヒマラヤにいわゆる黄金時代が来て8000メートル級処女峰に続々と各国の登山家が攻撃をしかけはじめるころには、ヒマラヤを去って南米のパタゴニアに行く。以後は中古の帆船を操って、南極圏や北極圏に近い島々を次々と探検してはそこの山に登る生活をつづけた。80歳の誕生日を南極半島のスミス島で迎えるつもりで出帆したのが、彼の最期である。どこかで沈没したらしい。一九七七年の暮れだった〈注6〉。

もし梅棹が山にうちこんでいたらティルマン型になっていたかもしれないが、それにしては梅棹忠夫の才能は多彩すぎた。実際、たとえば「記録映画論」などをみても、その見識はなみの映画評論家をはるかに超えており、梅棹に映画をつくらせてみたいと思われるほどである。また梅棹の文章についての見識などは、小説家によくある文章読本の類とは異り、論理的完成度の非常に高い原則が適用されている。それは高校時代の文章にすでに表れはじめており、修練の結果というよりも才能によるところが多いのであろう。ここにその余裕はないが、梅棹忠夫論には文章論も不可欠と思われる。

ただ、日本人はアジアの国としてはふしぎと冒険好きな傾向がある。これなども梅棹の比較文明論と関連してくるのかもしれないが、とくに庶民のあいだには意外に冒険願望があり、西欧ほどではなくてもかなり独創的発想や行動があるのだが、支配者側や主流に「冒険の否定、という日本において一般的に承認されている人生哲学の原則」（梅棹）があるのだろう。

さて、山から探検に〝転戦〟した梅棹は、ボナペ島から大興安嶺へと行動範囲をひろげていったが、実はこのころすでに古典的探検の時代、すなわち地理的空白地帯をめざす意味での探検は終りを告げつつあった。大興安嶺はその終末期のものだったのである。パイオニアリズムの梅棹としては、ここでまた〝転戦〟をよぎなくさせられる。大興安嶺のあと中央アジア（内モンゴル）へ行くのだが、筑摩書房版『現代世界ノンフィクション全集』第一巻の解説文「現代の探検について」（本巻収録）にそのあたりの心情を吐露する次のような部分がある。

＊

わたしたちは、ヘディンにならって、中央アジアをめざした。しかし、ヘディンにならってヘディンのようになろうとしたところで、それ自体なんというばかげた自己矛盾であろうか。ヘディンは、ヘディンのまえになんびともとおらなかったところをとおったからこそ、偉大なる探検家ヘディンでありえたのである。いま、われわれは、中央アジアへのりこんで、ヘディンのとおったあとをとおったところで、どうしてヘディンの後継者たりえようか。わたしたちにとって、意味をもつのは、ファースト・トレースだけである。二番せんじは、くそくらえ、だ。しかも、気がついてみると、中央アジアにのこっていた目ぼしいところは、全部ヘディン自身がとおっているではないか。わたしたちにのこされていたものは、要するに二番せんじだけであった。（中略）ヘディンは、その著書を通じて、わたしたちに、いやしがたいほどのデジデリアム・インコグニチの感情をうえつけておきながら、じつは、その未知なるものを、かたっぱしから自分で既知なるものにかえてまわったひとなのである。わたしたちを、探検へとかりたてておきながら、同時にわたしたちをふかい絶望におとしいれた当の人物なのである。

＊

今西錦司を牽引車として夢中で突進していった梅棹などの若き探検家たちは、こうして地理的探検からより純粋な学術的探検へと〝転戦〟してゆく。同じところでそれは次のように説明されている。

＊

しかし、探検という仕事は、地球上において、これでおしまいにはならなかった。幕がおりたのは、単なる地理学的探検であって、探検そのものは、ちがった形で、むしろますますさかんにおこなわれることとなった。それは、生物学、人類学、地質学、地球物理学などのそれぞれの明確な科学的課題をもっての、学術探検の形をとる。いわば、科学における探検的研究法というべきものである。そして、従来の地理的探検時代における精神的・技術的伝統は、そっくりそのままこれにひきつがれることになったのである。日本の青年探検家たちも、その個体発生の途中で系統発生をくりかえしたような形で、いっぺんは地理的探検に熱をあげたが、けっきょくは、それぞれ科学者になって、その専門の学問のうえで、学術探検をおしすすめるということになっていったのであった。

その結果、梅棹忠夫の場合は前述のように比較文明学や文化人類学などへと発展していった。このころの若い探検家たちは、梅棹のほかに植物生態学の吉良竜夫、構造地質学の藤田和夫、栽培植物学の中尾佐助、人文地理学の川喜田二郎など、それぞれの分野での輝ける星へと育ってゆく。

*

それにしても、梅棹の関心領域のひろさはもちろん、対象地域のひろさには驚嘆させられる。今でこそ日本人の海外旅行は国内旅行なみになってしまったが、梅棹の場合は旧制高校時代にはじまって、戦争中の中国・モンゴル・ミクロネシア、そして日本が渡航自由化（一九六四年）するまでの不自由な時期にすでに「中洋」や東南アジアの主なところは踏査している。その後もアフリカ・ヨーロッパ等へとひろがって、行動範囲のひろさは全世界におよぶ。学術探検の実行者でこれだけひろく本格的に踏査している例は、日本ではもちろん世界でも稀ではないだろうか。このことが梅棹の発想の根源に反映しないはずはなく、それは人類学とか比較文明学とかいった分野をはみだす一因ともなっていよう。

つまり梅棹忠夫は、学術探検から学問そのものをへて、終局的にはそこにもおさまりきれず、たとえば山での冒険と学問の違いは単に体制側の中に制度化されているかいないかにすぎない、といった認識になってゆく〈注7〉。やはり「学者」というよりも「思想家」というべきところまで〝転戦〟していったパイオニアなのであろう。冒険は抽象的な世界でもたゆまず行なわれていたのである。だからこそ『知的生産の技術』といった作品も、よくあるハウツーものとは根本的に異なる一種の思想書になりえている。その文体もまた、学者の中でも群を抜いた明晰さとともに、平易ながら一種の魔力的リズムさえ秘めているのは、学問より思想を語っているからなのかもしれない。

梅棹忠夫が登山家・探検家をへて思想家にいたる過程で、その各節目をあらわす言葉として筆者は以上まで〝転戦〟と書いてきたが、これでは平面的・併列的同次元内の変化のようで、あまり適当ではないと思う。生態学用語の変態とか脱皮、あるいは文法用語の転成なども考えたが、内容的にはヘーゲル哲学でいう「アウフヘーベン」がより適しているのではなかろうか。止揚《しよう》とか揚棄とも訳されているように、「低い段階の否定によって高い段階へ進むが、高い段階のうちに低い段階の実質が保存される」（岩波小辞典『哲学』）からである。それは同時に、真の意味での「探検」ではなかったか。次々と探検を深めてゆけば、古い探検を棄てて新しい世界への「止揚《アウフヘーベン》された探検」に移行せざるをえなくなるであろう。そう考えれば、梅棹忠夫こそまさに「探検家」の名に値する思想家なのかもしれない。むろんそれはアムンセンやヘディンに象徴される一時代前の探検家とは違って、あくなきパイオニアリズムの追求者としての、いわば「止揚《アウフヘーベン》する探検家」である。


〈注1〉通態――Augustin Berque の著書 Le sauvage et l'artifice―Les Japonais devant la nature（篠田勝英訳）『風土の日本――自然と文化の通態』（筑摩書房）で使われている trajet の訳語から。

〈注2〉本多勝一・武田文男編『植村直己の冒険を考える』（朝日新聞社）収録の梅棹忠夫のインタビューから。

〈注3〉西堀栄三郎（一九〇三―一九八九）――第一次南極越冬隊長。品質管理などを専門とし、京大教授・日本原子力研究所理事・日本山岳会会長などを歴任。

〈注4〉本多勝一『冒険と日本人』（朝日文庫）収録の「『冒険』こそ冒険的である」から。

〈注5〉ただし『コンティキ号』のヘイエルダール説が考古学界で承認されたかどうかはまた別問題であって、この実験結果は必ずしも仮説の確たる実証とはならなかったとみられている。

〈注6〉ティルマンの生涯は J. R. L. Anderson の著書 High Mountains and Cold Seas: A Biography of H. W. Tilman（水野勉訳『高い山はるかな海』山と溪谷社）にくわしい。

〈注7〉注2と同書から。これについては注4と同書収録の一文「ニセモノの探検や冒険を排す」でも詳細に論じた。


（梅棹忠夫著作集・第一巻『探検の時代』中央公論社）

朝日新聞社定年退職の挨拶

今年（一九九二年）の私の新年あいさつ〈寒中見舞状＝注1〉はつぎのとおりである。

＊

寒中お見舞い申しあげます。このたび私は33年間つとめた朝日新聞社を、定年にともなう規約で退職しました。日本的一般常識にしたがえば「長らくお世話になりました」と過去形で書くべきところかもしれませんが、これで新聞記者をやめたつもりはなく、できれば今後とも新聞を活動の主舞台としてゆきたい所存ですので、今後ともどうぞよろしくお願いします。

＊

退職にさいして、朝日新聞社内の友人やＯＢたちが開いてくれた歓送会で、右のあいさつの内容をもう少し具体的に述べたので、以下に披露させていただくことにしよう（わずかながら加筆した）。

退職にさいして何よりも残念なのは、三十余年間を新聞ひとすじに書いてきた者が「書く場を新聞に持てなくなる」ことであります。

*

私はよく誤解されているところがあって、初めての人に名刺を出すと、「あの、よく本を書く本多さんですか」などと言われることがあるのですね。しかし学生時代に書いたヒマラヤの探検記は別として、入社以来現在まで、書きおろしの本を書いたのはただの1冊だけ、南極初到達競争を検証した『アムンセンとスコット』(教育社)だけなのです。あとは北海道支社でのかけだし記者時代に書いた『きたぐにの動物たち』から、最後の旅行記になった『新ソビエト紀行』にいたるまで、すべて新聞で発表したものに加筆したか、あるいは『貧困なる精神』シリーズのように『朝日ジャーナル』等の雑誌に書いたものをまとめたにすぎません。さきほど出版担当の川口さんが「発行部数1位」に挙げられた『日本語の作文技術』にしても、あれは「朝日カルチャーセンター」での講義をまとめたものですから、本のために書いたのではありません。

そんなわけで、退職のあとの休日に自分の机を整理して、次男の運転する車で会社を引揚げたとき、デスク〈注2〉その他を一度もせずに書きつづけた三十余年を想って、まことに胸にせまるものがありました。なにしろ退職当日の朝刊(論文「環境と民族を考える」)

と夕刊（社会面「アイヌの山を返して――病床の古老、三井に訴え」）まで書いていたのですから。（実は本当の「最後に出た記事」は、退職から10日ほどのちに夕刊の「人――きのうきょう」に出た無署名記事「探検記を復刊」で、これは退職寸前に出稿しておいたものです。）記事を書くと、ゲラを見るときが一番嬉しいものですが、これからはあの嬉しさ――実際あれはかけだし以来今日までついに磨滅することのない喜びでした――がもう得られないのかと思うと、淋しさを通りこして怒りさえ覚えたものです。

「これからどうするのか」といったご質問を多くの方々からうけました。一部の大学から招聘《しょうへい》もされましたが、学生たちを相手に講義をする生活など、講演の嫌いな私には耐え難いのです。講演依頼にはすべて印刷したおことわり状を出してきましたし、たとえばさきの『日本語の作文技術』の講義にしても、事前にメモの原稿を書いてしまって、それを読むようにして話しました。だから3カ月ほどして講義が終ったときは、もう単行本になるだけの原稿もできていたことになる。げんに今日のこのあいさつも、ごらんのようにメモを読んでおります。しかも原則として、同じことはもちろん似たようなことも繰返しては話さない主義なので、とても大学の講義はつとまりません。

先日、編集委員室と編集局長室との年次晩餐会であいさつしたさい、「生まれ変ったらやはりまた新聞記者に、それも編集委員になりたい……」と言ったとき、だれかがすかさず「準二級で定年でもか」とヤジを入れて下さいました。まあ「準二級」〈注3〉についてはいずれ別の機会にじっくり論評いたしますが、この思いやりのあるヤジには根本的誤解があります。つまり、私は生まれ変ったらまた「新聞記者」に、それも「編集委員」に、と申しましたものの、決して「朝日新聞記者」にとか「朝日新聞編集委員」にとは申しませんでした。そこをご明察下されば「思いやりのあるヤジの誤解」の意味もご理解いただけるかと存じます。

しかしながら、いま「生まれ変ったら」と私は言いましたが、考えてみるとこれは奇妙なことです。まだ死期がせまっているわけではないのだし、先日も定年前の人間ドックをやって結果が昨日出たのですが、検査数値を論評した医者がいうには「なんにも問題がない。40歳以上になると大抵の人はどこかに何かがあるものだけど、5%くらいはこういう例もある」のだそうです。つまり40歳以上の100人中5人に入るくらい健康体だというのであります。

私はこのたび「失業者」になったわけですから、近日中に失業保険金を受取るべく職業安定所に行きます。大いに健康なのですから、大いに働く意欲も当然あり、「再就職の熱意」を示して、希望職種は「新聞記者」とするつもりです。なにも「生まれ変ったら」などと遠慮していることはない。しかも「編集委員」とし、しかも「全国紙」を希望します。

しかしながら、そんな私の希望をかなえてくれる全国紙があるかどうか、これはまた別問題でありましょう。で、いよいよないということになったら、そのときは自分で新聞社をつくって、社長や編集局長はだれか適任者にお願いし、私自身はライターとして一記者の編集委員になりたい。こう思うのであります。

先日、社会部の鈴木君が退社して、静岡県の郷里で週刊の地域新聞を創刊する計画を表明しました。私も発奮して、同志とともに日刊紙を創刊したいものだが……と考えております。そのせつは皆さまにもぜひご協力をお願い申しあげます。

ところで朝日新聞と私との関係ですが、今後は「社友」ということのようですけれど、実は私は朝日の百ウン十株という〝大株主〟（!?）でもあります。したがって今後は朝日に「株主」として〝君臨〟する予定です。

さて、朝日に私が入社したときからその記事を通じて勝手に〝師〟としてきたもと大編集委員の疋田桂一郎さんは、今から数年前に朝日を退職されたとき、こうした歓送会のごあいさつで「さようなら、朝日新聞」と結んで去られました。私は反対に、さまざまな意味をこめて、本日のあいさつをこう結んで去りたいと存じます。

「こんにちは、朝日新聞」

〈注1〉年賀状は普通のハガキ代より安くすべきことを郵政省に求めたが（朝日新聞一九八一年2月28日夕刊コラム「最後の年賀状」参照）、拒否回答があったので、実現するまでは年賀状を休止し、新年のごあいさつには寒中見舞状で応じている。
〈注2〉「デスク」は各部の次長職として、部の記者が出した原稿のチェックや採否のほか企画等も立てる中間管理職の新聞社用語。
〈注3〉「準二級」とは、部長職（三級）と局次長職（二級）の中間として最近新設された賃金のランク付け。同期入社であってもライターをつづけるほど昇級が遅く、筆を捨てて管理職になる方が早く昇級する、という日本型新聞社に共通の傾向があり、これがすぐれたジャーナリストを育てぬ一因ともなっている。

（『話の特集』一九九二年3月号）

〈追記〉この「準二級」は、本多が「二級」に当然なるべきところを、当時の政治部系役員が本多をそうさせないために「準二級」を作ったという〝公然たる差別〟が局内で話題になった。それを裏づけるように、本多の定年直後に「準二級」というランクは社内から消えた。

本多 勝一（ほんだ＝かついち）
1931年、信州・伊那谷生まれ。『朝日新聞』編集委員をへて、現在『週刊金曜日』編集委員。
［主な著書］
『極限の民族』（朝日新聞社）
『戦場の村』（朝日新聞社）
『「日本百名山」と日本人〈貧困なる精神・T集〉』（金曜日）
『「英語」という〝差別〟「原発」という〝犯罪〟〈貧困なる精神・24集〉』（金曜日）
『新・貧困なる精神――携帯電話と立ち小便』（講談社）
『初めての山へ六〇年後に』（山と溪谷社）
『本多勝一の戦争論――「侵略」をとらえる目』（新日本出版社）
『本多勝一の日本論――ロシア、アメリカとの関係を問う』（新日本出版社）
『〈新版〉日本語の作文技術』〈朝日文庫〉（朝日新聞社）
『「戦争」か侵略か〈貧困なる精神・26集〉』（金曜日）
『殺される側の論理』〈朝日文庫〉（朝日新聞社）
『ルポルタージュの方法』〈朝日文庫〉（朝日新聞社）

人類の契約――貧困なる精神27集

発行日　2018年3月4日
著　者　本多 勝一
発行人　北村 肇
発行所　株式会社金曜日
〒101-0051　東京都千代田区神田神保町2-23 アセンド神保町3階
URL　http://www.kinyobi.co.jp
（業務部）03-3221-8521　FAX 03-3221-8522
Mail gyomubu@kinyobi.co.jp
（編集部）03-3221-8527　FAX 03-3221-8532
Mail henshubu@kinyobi.co.jp
印刷・製本　精文堂印刷株式会社
落丁・乱丁はお取り替えいたします。

ISBN978-4-86572-027-3